O PODER DO PLANEJAMENTO

CONTEXTOS, REFLEXÕES E ESTRATÉGIAS PARA A EXCELÊNCIA NA GESTÃO PÚBLICA

Editora Appris Ltda.
1.ª Edição - Copyright© 2025 dos autores
Direitos de Edição Reservados à Editora Appris Ltda.

Nenhuma parte desta obra poderá ser utilizada indevidamente, sem estar de acordo com a Lei nº 9.610/98. Se incorreções forem encontradas, serão de exclusiva responsabilidade de seus organizadores. Foi realizado o Depósito Legal na Fundação Biblioteca Nacional, de acordo com as Leis nᵒˢ 10.994, de 14/12/2004, e 12.192, de 14/01/2010.

Catalogação na Fonte
Elaborado por: Dayanne Leal Souza
Bibliotecária CRB 9/2162

M827p 2025	Moraes, Alisson Diego Batista
	    O poder do planejamento: contextos, reflexões e estratégias para a excelência na gestão pública / Alisson Diego Batista Moraes. – 1. ed. – Curitiba: Appris, 2025.
	    214 p. ; 23 cm. – (Coleção Ciências Sociais).
	
	    Inclui referências.
	    ISBN 978-65-250-7604-1
	
	    1. Planejamento público. 2. Gestão pública. 3. Estratégia. I. Moraes, Alisson Diego Batista. II. Título. III. Série.
	
	                                                                CDD – 351

Livro de acordo com a normalização técnica da ABNT

Appris editora

Editora e Livraria Appris Ltda.
Av. Manoel Ribas, 2265 – Mercês
Curitiba/PR – CEP: 80810-002
Tel. (41) 3156 - 4731
www.editoraappris.com.br

Printed in Brazil
Impresso no Brasil

ALISSON DIEGO BATISTA MORAES

O PODER DO PLANEJAMENTO

CONTEXTOS, REFLEXÕES E ESTRATÉGIAS PARA A EXCELÊNCIA NA GESTÃO PÚBLICA

Appris editora

CURITIBA, PR
2025

FICHA TÉCNICA

EDITORIAL
Augusto Coelho
Sara C. de Andrade Coelho

COMITÊ EDITORIAL E CONSULTORIAS
Ana El Achkar (Universo/RJ)
Andréa Barbosa Gouveia (UFPR)
Antonio Evangelista de Souza Netto (PUC-SP)
Belinda Cunha (UFPB)
Délton Winter de Carvalho (FMP)
Edson da Silva (UFVJM)
Eliete Correia dos Santos (UEPB)
Erineu Foerste (Ufes)
Fabiano Santos (UERJ-IESP)
Francinete Fernandes de Sousa (UEPB)
Francisco Carlos Duarte (PUCPR)
Francisco de Assis (Fiam-Faam-SP-Brasil)
Gláucia Figueiredo (UNIPAMPA/ UDELAR)
Jacques de Lima Ferreira (UNOESC)
Jean Carlos Gonçalves (UFPR)
José Wálter Nunes (UnB)
Junia de Vilhena (PUC-RIO)

Lucas Mesquita (UNILA)
Márcia Gonçalves (Unitau)
Maria Margarida de Andrade (Umack)
Marilda A. Behrens (PUCPR)
Marília Andrade Torales Campos (UFPR)
Marli C. de Andrade
Patrícia L. Torres (PUCPR)
Paula Costa Mosca Macedo (UNIFESP)
Ramon Blanco (UNILA)
Roberta Ecleide Kelly (NEPE)
Roque Ismael da Costa Güllich (UFFS)
Sergio Gomes (UFRJ)
Tiago Gagliano Pinto Alberto (PUCPR)
Toni Reis (UP)
Valdomiro de Oliveira (UFPR)

SUPERVISORA EDITORIAL
Renata C. Lopes

PRODUÇÃO EDITORIAL
Daniela Nazario

REVISÃO
Dalmo Buzato
Camila Dias Manoel

DIAGRAMAÇÃO
Bruno Ferreira Nascimento

CAPA
Eneo Lage

REVISÃO DE PROVA
Sabrina Costa

COMITÊ CIENTÍFICO DA COLEÇÃO CIÊNCIAS SOCIAIS

DIREÇÃO CIENTÍFICA
Fabiano Santos (UERJ-IESP)

CONSULTORES
Alícia Ferreira Gonçalves (UFPB)
Artur Perrusi (UFPB)
Carlos Xavier de Azevedo Netto (UFPB)
Charles Pessanha (UFRJ)
Flávio Munhoz Sofiati (UFG)
Elisandro Pires Frigo (UFPR-Palotina)
Gabriel Augusto Miranda Setti (UnB)
Helcimara de Souza Telles (UFMG)
Iraneide Soares da Silva (UFC-UFPI)
João Feres Junior (Uerj)

Jordão Horta Nunes (UFG)
José Henrique Artigas de Godoy (UFPB)
Josilene Pinheiro Mariz (UFCG)
Leticia Andrade (UEMS)
Luiz Gonzaga Teixeira (USP)
Marcelo Almeida Peloggio (UFC)
Maurício Novaes Souza (IF Sudeste-MG)
Michelle Sato Frigo (UFPR-Palotina)
Revalino Freitas (UFG)
Simone Wolff (UEL)

Por indefectível que seja pensar no amanhã, dedicando-lhe certa parte de nossos esforços, é impossível deixar de viver no presente, pensando nele, ao menos em parte. Antes das gerações vindouras, estão as atuais; outrora foram futuras, e para elas trabalharam as passadas.

(José Ingenieros)

AGRADECIMENTOS

Agradeço à minha família, cujo apoio incondicional sempre me permitiu seguir adiante em minhas jornadas, todas elas.

Ao insigne ministro Paulo R. Haddad, pelo diálogo afetuosamente gentil e pela honrosa contribuição com o prefácio desta obra.

Ao Gabriel Vaz, pelo auxílio na revisão e nas discussões conceituais.

Ao Matheus Santiago, pela parceria e pelos diálogos construtivos, que refinaram minha visão ao longo deste projeto.

Ao Dalmo Buzato, por mais uma vez atuar como revisor meticuloso, auxiliando no aprimoramento e clareza deste texto.

Aos colegas das prefeituras de Itaguara, Itabira, Itaúna e Nova Lima, com os quais tive a honra de compartilhar experiências e desafios, e aos respectivos prefeitos, pela confiança depositada no planejamento como um instrumento essencial para impulsionar o desenvolvimento de nossas cidades.

Dedico este livro a todos os profissionais que, com empenho e dedicação, trabalham incansavelmente pelo aperfeiçoamento da gestão pública no Brasil, inspirando e promovendo a eficiência, a transparência e a justiça em nossa sociedade.

APRESENTAÇÃO

Não são as ervas más que afogam a boa semente,
e sim a negligência do lavrador.
(Confúcio)

Vivemos em uma era marcada por múltiplas crises — ambiental, econômica, política, cultural, social, dentre outras — que colocam à prova nossa capacidade de organização e governança em todas as esferas da sociedade. Diante desse cenário de incertezas, qual é o papel do planejamento público? Mais do que um instrumento técnico, ele se revela uma necessidade estratégica essencial para a condução responsável e eficiente das políticas públicas. Planejar é um ato que combina ciência, arte e habilidade. Como ciência, exige método, técnica e embasamento em evidências para fundamentar decisões e estruturar ações eficazes. Como arte, envolve sensibilidade e criatividade para lidar com a complexidade das relações humanas e com as nuances políticas que permeiam a gestão pública. E como habilidade, demanda experiência, intuição e adaptabilidade para transformar diagnósticos em estratégias viáveis e executáveis.

Planejar não pode ser reduzido à simples antecipação de desafios e definição de metas; trata-se de um processo de racionalização da gestão, organizando a ação no presente com base em conhecimento, sem ignorar o *feeling* político e o senso de oportunidade. Planejar também é mobilizar — engajar atores, alinhar interesses e construir consensos em torno de propósitos. A gestão pública que dispensa o planejamento age no improviso — e o improviso é o contrário da governança responsável.

Paradoxalmente, o planejamento público enfrenta sua própria crise. Se sua necessidade é inquestionável, sua aplicação encontra barreiras cada vez mais difíceis de transpor. Em um contexto de restrições econômicas, interesses conflitantes e predominância de uma lógica imediatista, qual é a margem real para planejar? O problema não reside na falência do planejamento como ferramenta, mas nos entraves estruturais e políticos que limitam sua eficácia. Os Objetivos de Desenvolvimento Sustentável (ODS) da ONU são um exemplo emblemático desse impasse[1]. Projeções indicam que dificilmente atingiremos sequer 20% das metas estipuladas, reflexo direto das barreiras que dificultam a implementação de processos planejados em um cenário dominado por incertezas e disputas. A crise climática também exemplifica essa realidade de forma incontestável: enquanto escrevo esta apresentação, a fumaça das queimadas já encobre mais de 80% do território brasileiro, segundo o Instituto Nacional de Pesquisas Espaciais (Inpe). As decisões tomadas hoje moldam o futuro, e cabe aos governos agir com responsabilidade, conferindo centralidade ao planejamento na busca por soluções eficazes.

Se há algo que aprendi ao longo da minha trajetória na gestão pública, é que planejar não é um capricho administrativo, tampouco uma mera formalidade burocrática — é uma necessidade vital. Em tempos de crises e incertezas, o planejamento organiza a ação governamental e permite que avancemos, coletivamente, com coerência e propósito. Essa compreensão, no entanto, não surgiu de forma abstrata ou meramente acadêmica. Ela se construiu no calor da experiência, no embate diário com a realidade concreta da política e da administração pública.

Minha jornada nas veredas da vida pública começou cedo. Ainda na adolescência, envolvi-me no movimento estudantil secundarista, ambiente que propiciou meus primeiros contatos com o debate público e a organização coletiva. O engajamento juvenil foi o ponto de partida para minha caminhada institucional, que se consolidou aos 19 anos, com a eleição para vereador, e se fortaleceu ainda mais aos 23, quando assumi a Prefeitura de Itaguara, MG, minha cidade natal. Naquele momento, tornei-me um dos prefeitos mais jovens do Brasil e aprendi que governar exige visão, responsabilidade e, acima de tudo, planejamento.

Desde o início da trajetória executiva na administração pública, compreendi que governar não é apenas um ato de vontade política, mas um desafio que exige método, planejamento e clareza de

---

[1] Os Objetivos de Desenvolvimento Sustentável (ODS) sucederam os Objetivos de Desenvolvimento do Milênio (ODM), estabelecidos na Cúpula do Milênio (2000). Sua formulação teve início na Rio+20 (2012) e culminou na adoção da Agenda 2030 na Cúpula da ONU sobre Desenvolvimento Sustentável (2015). Os ODS abrangem 17 objetivos e 169 metas.

objetivos. Sem uma gestão estruturada, mesmo as melhores ideias podem se perder no improviso, na burocracia ou nas limitações orçamentárias. Essa percepção me levou a buscar um aprofundamento teórico que possibilitasse transformar princípios em entregas concretas, estruturando projetos, programas e ações de forma eficiente e estratégica. No MBA em Gestão Empresarial da Fundação Getúlio Vargas (FGV), aprofundei conceitos essenciais para qualquer modelo de governança eficaz: planejamento financeiro, definição de metas, formulação de estratégias e avaliação de riscos. Mas, acima de tudo, compreendi que gestão também significa liderar pessoas, organizar equipes e mobilizar talentos para garantir que boas ideias se transformem em resultados. Embora voltado ao setor privado, o curso revelou-se um marco na minha formação, pois mostrou como muitas dessas metodologias poderiam — e deveriam — ser adaptadas à administração pública. A partir dessa base, refinei conceitos, estudei abordagens estratégicas e desenvolvi uma visão de planejamento que alia técnica, eficiência e compromisso com a entrega de resultados.

Esse aprendizado foi determinante para que, em 2013, no início do segundo mandato, construíssemos o primeiro planejamento estratégico estruturado da história de Itaguara. O Plano Itaguara 2013-2016 não foi apenas um documento de intenções, mas um instrumento concreto de gestão, ancorado na análise de cenários, na definição de investimentos estruturantes e no monitoramento contínuo dos projetos estratégicos. A implementação desse modelo permitiu ao município enfrentar, com maior capacidade de resposta, um dos períodos mais críticos para as administrações locais: a crise financeira de 2015. A queda abrupta da arrecadação naquele ano colocou prefeitos em todo o país diante de desafios extremos. Diversas reportagens destacaram a gravidade da situação e, no sul de Minas Gerais, lideranças de 20 cidades reuniram-se em Santo Antônio do Amparo para discutir os impactos da redução drástica no Fundo de Participação dos Municípios (FPM). Em fevereiro, os repasses apresentaram uma retração de cerca de 40% em relação ao mesmo período do ano anterior, reflexo direto da queda na arrecadação federal. Diante de um colapso tão severo, muitos gestores se viram sem alternativas. Como afirmou, à época, o então prefeito de Santo Antônio do Amparo, Jorge Lopes, "todo planejamento que você faz vai por água abaixo", diante de um colapso tão severo nos recursos disponíveis (Representantes..., 2015, n. p.).

A forte dependência do Fundo de Participação dos Municípios (FPM) exigia resiliência e rigor na gestão financeira de Itaguara. Mesmo diante de severas restrições orçamentárias, mantivemos o planejamento estratégico como eixo central da administração, garantindo investimentos essenciais e avanços estruturantes em diversas áreas. A gestão responsável dos recursos permitiu que projetos fundamentais saíssem do papel e impactassem diretamente a qualidade de vida da população, da infraestrutura urbana à saúde, da educação à assistência social. Mais do que entregas pontuais, construímos um modelo de governança baseado na eficiência, na visão estratégica e na capacidade de resposta aos desafios de um cenário econômico adverso.

O impacto dessa gestão se refletiu em indicadores concretos. Mesmo diante de uma severa crise financeira que atingia a maioria das cidades do país, Itaguara foi classificada como a melhor cidade para se viver entre os 34 municípios da Região Metropolitana de Belo Horizonte (RMBH) e a 17ª do Brasil, segundo o Índice de Bem-Estar Urbano (Ibeu). O estudo, conduzido pelo Observatório Urbano das Metrópoles com base em dados do IBGE, avaliou quase 300 cidades em critérios como mobilidade, infraestrutura e qualidade dos serviços públicos (Moraes, 2013).

Embora este livro não seja sobre a minha experiência como prefeito ou gestor, mencionar esses marcos permite ilustrar como o planejamento aliado à estratégia é capaz de viabilizar transformações estruturais na administração pública, mesmo em contextos adversos. A vivência na gestão municipal consolidou minha convicção sobre a centralidade do planejamento como instrumento de transformação, uma compreensão que se aprofundou ainda mais nas experiências que vieram depois. Como secretário de Planejamento e Governo em Itaúna (2017-2019), como secretário de Planejamento e assessor de projetos em Itabira (2021-2022) e, mais recentemente, como secretário da Fazenda de Nova Lima (2022-2024), pude vivenciar o planejamento em suas múltiplas dimensões — desde a concepção até a implementação, o acompanhamento e o monitoramento. Mas, acima de tudo, compreendi que planejar não é apenas antecipar cenários:

é agir no presente com método e responsabilidade para gerar valor real para a sociedade. O planejamento não pode ser uma abstração teórica ou um exercício burocrático; ele precisa estar a serviço da melhoria da vida das pessoas, garantindo que as decisões tomadas hoje tenham impacto concreto e positivo na realidade coletiva.

Após deixar a Prefeitura de Itaguara, aprofundei essa trajetória acadêmica no mestrado em Ciências Sociais da PUC Minas, na linha de pesquisa de Políticas Públicas, Participação e Poder Local. Mais tarde, iniciei um segundo mestrado, em Administração na Fundação Dom Cabral (FDC), com foco em estratégia, planejamento e inovação, que foi interrompido quando ingressei no doutorado em Ética e Filosofia Política na Ufop. Esse percurso acadêmico influenciou minha busca por compreender a interseção entre teoria e prática e reafirmou minha convicção de que planejamento público e ética são indissociáveis.

A administração pública tem o dever de criar condições para o desenvolvimento humano, e o planejamento é a ferramenta essencial para transformar aspirações em realidade. Essa perspectiva se aprofundou nos últimos anos com minha atuação como professor de Direito Administrativo na PUC-Minas (IEC), espaço que me permite regularmente expandir as reflexões sobre a gestão pública no contexto jurídico e institucional.

Inspirado pela convergência entre experiência prática e reflexão acadêmica, decidi escrever este livro, que não é um manual técnico, tampouco um tratado teórico, mas um convite a compreender o planejamento como uma ferramenta de transformação real, conectando ética e eficiência para harmonizar realizações com propósito e investimentos com qualidade de vida.

É uma honra imensa contar com o prefácio de Paulo R. Haddad, imortal da Academia Mineira de Letras (AML), ex-ministro do Planejamento e da Fazenda, fundador do Cedeplar e professor emérito da UFMG. Ao afirmar que «o planejamento não trata das questões do futuro, mas dos impactos no futuro das decisões no presente», Haddad reforça a necessidade de resgatar o planejamento como um pilar fundamental para o desenvolvimento da sociedade.

Nos capítulos seguintes, o leitor encontrará uma abordagem do planejamento público que transcende o tecnicismo. Este livro não trata apenas de métodos ou estratégias; ele propõe um modo de pensar a gestão, um convite a refletir sobre como a racionalidade pode transformar a administração pública. O objetivo é expandir horizontes e fomentar uma compreensão mais aprofundada sobre seu potencial transformador. Mais do que um conjunto de reflexões, este livro é um chamado à ação: questionar práticas, propor novas abordagens e estruturar um planejamento público mais eficiente e democrático. Cabe a cada gestor, servidor público e cidadão compreender que o planejamento não é apenas um conceito técnico, mas uma ferramenta essencial para moldar o presente e estruturar um futuro mais justo e equilibrado. Nenhum avanço duradouro é fruto do improviso. O progresso de uma nação exige escolhas conscientes: planejar, agir com responsabilidade e transformar desafios em oportunidades. O futuro não se constrói ao acaso — ele é forjado pelas decisões do presente.

Alisson Diego Batista Moraes

Outubro de 2024.

REFERÊNCIAS

CONFÚCIO. **Os Analectos.** Tradução de Giorgio Sinedino. São Paulo: Editora Unesp, 2012.

REPRESENTANTES de prefeituras reclamam de queda do FPM. **G1**, Santo Antônio do Amparo, 3 mar. 2015. Disponível em: https://g1.globo.com/mg/sul-de-minas/noticia/2015/03/representantes-de-prefeituras-reclamam--de-queda-do-fpm.html. Acesso em: 17 out. 2024.

INSTITUTO NACIONAL DE PESQUISAS ESPACIAIS. **Monitoramento de queimadas e incêndios florestais no Brasil.** São Paulo: Inpe, [ca. 2024]. Disponível em: http://www.inpe.br. Acesso em: 2 out. 2024.

MORAES, Alisson Diego Batista. Índice de Bem-Estar Urbano: Itaguara, a melhor cidade da RMBH e uma das melhores do Brasil. **Blog Alisson Diego**, [S. l.], 24 ago. 2013. Disponível em: https://www.alissondiego.com.br/2013/08/. Acesso em: 5 out. 2024.

OBSERVATÓRIO URBANO DAS METRÓPOLES. **Índice de bem-estar urbano**. Rio de Janeiro: Instituto Nacional de Ciência e Tecnologia (INCT), [ca. 2024]. Disponível em: https://ibeu.observatoriodasmetropoles.net.br/ibeu-municipal/. Acesso em: 7 out. 2024.

ORGANIZAÇÃO DAS NAÇÕES UNIDAS. ONU alerta: o mundo não está cumprindo os Objetivos de Desenvolvimento Sustentável. **ONU Brasil**, Brasília, DF, 2023. Disponível em: https://brasil.un.org/pt-br/272903-onu-alerta--o-mundo-não-está-cumprindo-os-objetivos-de-desenvolvimento-sustentável. Acesso em: 10 out. 2024.

PREFÁCIO

O RESGATE DO PLANEJAMENTO NO BRASIL

O leitor deste livro do professor Alisson Diego Batista Moraes precisa estar consciente da sua importância no contexto de evolução histórica das políticas públicas e dos processos de planejamento no Brasil a partir da Segunda Grande Guerra. O livro é didático e de compreensão por pessoas não especializadas em questões de metodologias de planejamento, mas, principalmente, faz uma abordagem multidisciplinar em todos os capítulos, a qual é o espelho da trajetória acadêmica do autor e das experiências de gestão do setor público em diferentes níveis no terreno de planejamento. Essa enriquecedora combinação dos fundamentos analíticos e da arte sobre como fazer acontecer o planejamento público permite ao autor discutir, com relativa facilidade, as bases do processo de uma gestão eficaz do ponto de vista estratégico.

Entretanto, o aspecto mais relevante deste livro é o de resgatar a importância do planejamento no Brasil, num momento em que, desde o fim do século passado, as ideologias do neoliberalismo do estilo friedmaniano introjetaram, nas estruturas mentais dos decisores públicos e técnicos, que as forças desacorrentadas dos mercados de produtos e de serviços de fatores seriam capazes, com o mínimo de intervenção do Estado nas atividades econômicas, de promover a eficiência econômica com a distribuição justa dos frutos do crescimento econômico e a expansão de oportunidades de emprego e de renda para todos.

Assim, pode se afirmar que, ao longo das duas últimas décadas, o planejamento público no Brasil tem se tornado apenas o braço orçamentário das políticas macroeconômicas da estabilização monetária, quando se sabe que o planejamento na verdade não trata das questões do futuro, mas dos impactos no futuro das decisões no presente. Neste sentido, podemos considerar nas discussões atuais sobre o futuro da economia brasileira que a proposta de resgatar o processo de planejamento de médio e de longo prazo é corajosa profissionalmente, comprometida com o interesse público e contra a corrente doutrinária prevalecente. Em seguida, será destacado como o planejamento e o não planejamento público geram dois estilos diferenciados, mas não excludentes, de governo do país, dos Estados e dos municípios.

O estilo de condução das políticas públicas para resolver os nossos problemas socioeconômicos e socioambientais tem sido, desde 2014, o que se denomina de ajustes incrementais. Segundo esse estilo de governar, mesmo sem uma visão do futuro, sempre que os formuladores das políticas públicas encontram um hiato ou um descompasso entre uma realidade observada e uma situação ideal, adotam, em seguida, medidas de comando e controle ou de mecanismos de mercado para preencher esse hiato. Ao se fechar um hiato, contudo, sempre se abrem outros; ao se resolver um problema, criam-se outros, e então estes passam, num momento seguinte, a ser percebidos politicamente como problemas e são realizadas novas tentativas com o objetivo de fechar os hiatos entre as situações ideais e a realidade.

Segundo Kenneth Boulding, esse estilo pragmático de governar, com foco no curto prazo e em ações casuísticas, pode ramificar--se quase indefinidamente, e há muitas situações em que se torna razoavelmente bem-sucedido como padrão de resolver problemas e mobilizar os potenciais de desenvolvimento de um país ou de uma região. E os gestores públicos se sentem gratificados com sua habilidade e pragmatismo quando vão vencendo as batalhas do dia a dia, em uma sequência interminável de novos problemas. Enfrentam uma avalanche de problemas, mas a cada dia bastam os seus cuidados. Como diriam os franceses à *chaque jour suffit sa peine*.

A situação muda totalmente de figura quando a exaustão de um ciclo de prosperidade ocorre e a economia perde sua dinâmica de crescimento. O crescimento econômico não é um subproduto cronológico de um ajuste qualquer. Num contexto em que prevalecem, simultaneamente, uma crise social e uma crise ambiental, surgem problemas de grande dimensão, complexidade e transversalidade que podem não ser percebidos e muito menos resolvidos por nenhum protagonista ou instituição isoladamente, que se encontram, muitas vezes, autocentrados nos seus interesses específicos de curto prazo ou imediatistas. Emerge, pois, a necessidade complementar de um novo e indispensável estilo de governar baseado num enfoque de perspectiva ou de visão de futuro, através do processo de planejamento de longo prazo, no qual as ações programáticas sejam de natureza reestruturantes e não incrementais; vocacionadas para grandes mudanças e transformações econômicas, político-institucionais; inovadoras no sentido de buscar alternativas para a solução dos problemas estruturais. Esse novo estilo aparece nas experiências históricas de desenvolvimento de muitos países, com a denominação de Grande Transformação.

Karl Polanyi, que analisou a Grande Transformação do capitalismo nos EUA e na Suécia, a partir da crise de 1929, concluiu que:

> A crença no progresso espontâneo pode cegar-nos quanto ao papel do governo na vida econômica. Esse papel consiste, muitas vezes, em alterar o ritmo de mudança, apressando-o ou diminuindo-o, conforme o caso. Se acreditarmos que tal ritmo é inalterável ou, o que é pior, se acreditarmos ser um sacrilégio interferir com ele, então não existe mesmo campo para qualquer intervenção.

A administração econômica do Governo Federal, desde 2014, vem trabalhando com o modelo de austeridade fiscal expansionista, o qual parte do esforço de equilíbrio das contas consolidadas do setor público e se apoia nas reformas da previdência, do sistema tributário e do próprio Estado. Espera criar um ambiente de expectativas favoráveis e de incertezas mitigadas que poderiam induzir a retomada do crescimento econômico. Embora seja indispensável que se realize a consistência macroeconômica de nossa economia a fim de que se elimine de vez o fantasma da inflação e se reverta a percepção de que o país caminha para a insolvência financeira, há ações programáticas fundamentais para que a atual década dos anos 2020 não se perca também em uma sequência interminável de ajustes de curto prazo. Muitas dessas ações podem se beneficiar, na sua concepção, das experiências analisadas no presente livro (ver os capítulos 4, 5 e 6).

O Brasil precisa voltar a crescer de forma sustentada e sustentável. E também de forma acelerada para cobrir as dívidas e os déficits socioeconômicos e socioambientais acumulados no passado. A nossa história mostra que os problemas sociais e econômicos podem ser mais bem resolvidos quando o país está crescendo significativamente, e não apenas através de espasmos ocasionais.

À medida que a economia cresce, dependendo do modelo de desenvolvimento adotado, é relativamente mais fácil utilizar o excedente econômico em expansão para financiar adequadamente as oportunidades de investimentos, gerando emprego de qualidade e renda. Torna-se mais fácil, também, ampliar e consolidar as transferências de renda das políticas sociais compensatórias para os pobres e os miseráveis, assim como as transferências fiscais para as áreas economicamente deprimidas. Mas, principalmente, que se concebam e implementem mudanças estruturais segundo os compromissos do país com os 17 Objetivos de Desenvolvimento Sustentável (ODS) da ONU. Não se pode esperar que essas transformações venham a ocorrer de ajuste em ajuste no curto prazo.

O papel do tempo na análise dos problemas econômicos sempre foi uma questão controversa. Em 1923, Keynes procurava estabelecer uma noção clara do que seria o curto prazo. Para ele, no curto prazo, há um passado que já transcorreu e trouxe, para o presente, a acumulação de um estoque de capital físico (fábricas, áreas agricultáveis, infraestrutura econômica e social), um dado perfil de distribuição de renda e de riqueza, uma força de trabalho com diferentes qualificações, os fundamentos das instituições políticas e sociais e certo grau de degradação do capital natural etc. Trouxe também, no caso brasileiro, problemas acumulados da crise social e da crise ambiental.

Políticas econômicas de curto prazo devem ser operadas dentro das restrições impostas por um tempo histórico e irreversível. Entretanto, uma sequência quase interminável de políticas de estabilização como vem ocorrendo nos últimos anos pode impactar, através de efeitos inesperados, a distribuição funcional e pessoal da renda nacional, a estrutura e a qualidade da oferta de serviços públicos tradicionais, os níveis de riscos e de incertezas dos investimentos diretamente produtivos etc. Ou seja, de ajuste em ajuste, o que se pensava ser tão somente políticas explícitas de curto prazo vai se tornando, silenciosamente, políticas implícitas de médio e de longo prazo. Parafraseando Keynes, de curto em curto prazo, no longo prazo estaremos todos mortos.

Como diz o poeta Mário Quintana: "O passado é lição para refletir. Não para repetir". E a nossa lição é colocar em marcha um novo paradigma de desenvolvimento sustentável, cujas ações programáticas possam vingar em um ambiente macroeconômico de ajustes fiscais e financeiros, rigorosos e recorrentes. O que torna necessário resgatar as experiências de planejamento de longo prazo. Segundo Peter Drucker, o planejamento de longo prazo não lida com decisões futuras, mas com o futuro das decisões presentes.

Políticas de curto prazo de estabilização monetária devem se articular e se integrar com políticas de desenvolvimento sustentável. Os conceitos de curto e de longo prazo são construções analíticas devidas a Alfred Marshall, em 1890. Não são prazos referenciados ao tempo-calendário, nem políticas econômicas a serem implementadas sequencialmente. Estabilizar não é pré-condição necessária e suficiente para desenvolver, como ilustra a experiência de planejamento de Campos-Bulhões em 1965. À época, elaborou-se um programa de estabilização (o Paeg), simultaneamente com um programa de reformas político-institucional de médio prazo e um plano decenal de desenvolvimento, gerando o ciclo de expansão do "milagre econômico" (ver o capítulo 2 do livro).

Ocorre, porém, que o tempo da política é mais acelerado, menos flexível e menos tolerante. Uma população altamente mobilizada pelas práticas recentes de ação coletiva, que vivenciou pelo menos uma década de intensa mobilidade e de progresso social com melhorias inquestionáveis na distribuição de renda, não está disposta a se conformar com o seu empobrecimento e com sua decadência econômica e social. Particularmente quando assistiu à concentração da riqueza financeira induzida pelas medidas da austeridade socialmente assimétricas e o avanço das práticas inusitadas de corrupção sobre os recursos públicos.

Como, no Brasil, a maioria dos planos e políticas públicas elaboradas pelos governos não chega a ser implementada, não basta concebê-los adequadamente, com rigor técnico e participação dos que serão impactados pelos seus custos e benefícios, mas é fundamental também que tenham uma gestão eficiente e eficaz. Uma gestão que acompanhe os valores do milênio segundo Ítalo Calvino, leveza, rapidez, exaustão, visibilidade, multiplicidade e consistência.

Não se pode esperar que, de curto em curto prazo sem o planejamento público de médio e de longo prazo, as atuais políticas econômicas nos levarão ao tempo do desenvolvimento. Como diz Alice no País das Maravilhas: "Dizem que o tempo resolve tudo. A questão é: Quanto tempo?". Para os que acreditam que apenas a estabilidade monetária poderá induzir um novo ciclo de expansão da economia brasileira, cita-se novamente Alice: "Ficou ali sentada, os olhos fechados, e quase acreditou estar no País das Maravilhas, embora soubesse que bastaria abri-los e tudo se transformaria em insípida realidade".

Paulo R. Haddad

Economista, ex-ministro da Fazenda e do Planejamento no governo de Itamar Franco. Foi professor titular da Faculdade de Ciências Econômicas da UFMG e fundador do Centro de Desenvolvimento e Planejamento Regional (Cedeplar). Ao longo de sua carreira, Haddad publicou diversos livros e artigos sobre planejamento e desenvolvimento sustentável. É membro imortal da Academia Mineira de Letras, ocupando a cadeira n.º 20, e é reconhecido por sua notável trajetória acadêmica e contribuição ao debate econômico e social no Brasil.

LISTA DE SIGLAS E ACRÔNIMOS

AML Academia Mineira de Letras

AT Análise de Tendências

BNDE Banco Nacional do Desenvolvimento Econômico

BNDES Banco Nacional de Desenvolvimento Econômico e Social

Caps Centro de Atenção Psicossocial

CEMG/89 Constituição Estadual de Minas Gerais de 1989

Cepal Comissão Econômica para a América Latina e o Caribe

CF/88 Constituição Federal de 1988

Cida Cidadania

Cide Contribuição de Intervenção no Domínio Econômico

CNI Confederação Nacional da Indústria

Cras Centro de Referência de Assistência Social

CSN Companhia Siderúrgica Nacional

Dasp Departamento Administrativo do Serviço Público

DE Desenho Estratégico

ETE Estação de Tratamento de Esgoto

FDC Fundação Dom Cabral

FGTS Fundo de Garantia do Tempo de Serviço

FGV Fundação Getulio Vargas

FJP Fundação João Pinheiro

FMI Fundo Monetário Internacional

FPM Fundo de Participação dos Municípios

Ibeu Índice de Bem-Estar Urbano

Ideb Índice de Desenvolvimento da Educação Básica

IDH Índice de Desenvolvimento Humano

IEC Instituto de Educação Continuada

Inpe Instituto Nacional de Pesquisas Espaciais

INSS Instituto Nacional do Seguro Social

IPGC Instituto de Planejamento e Gestão de Cidades

IPTU Imposto sobre a Propriedade Predial e Territorial Urbana

IRRF Imposto de Renda Retido na Fonte

ISS Imposto sobre Serviços

JK Juscelino Kubistchek de Oliveira

LDO Lei de Diretrizes Orçamentárias

LGPD Lei Geral de Proteção de Dados

LOA Lei Orçamentária Anual

LRF Lei de Responsabilidade Fiscal

MBA *Master of Business Administration*

MPlan Ministério do Planejamento

NHS *National Health Service* (Serviço Nacional de Saúde)

NPM *New Public Management* (Nova Gestão Pública)

ODS Objetivos de Desenvolvimento Sustentável

ONG Organização Não Governamental

ONU Organização das Nações Unidas

OP Orçamento Participativo

Paeg Programa de Ação Econômica do Governo

Pasep Programa de Formação do Patrimônio do Servidor Público

PDC Partido Democrata Cristão

PED Plano Estratégico de Desenvolvimento

PEG Planejamento Estratégico Governamental

PES Planejamento Estratégico Situacional

PL	Partido Libertador
Plame	Plano de Metas
PMDI	Plano Mineiro de Desenvolvimento Integrado
PND	Plano Nacional de Desenvolvimento
PPA	Plano Plurianual
PR	Partido Republicano
PRP	Partido de Representação Popular
PRT	Partido Republicano Trabalhista
PRTB	Partido Renovador Trabalhista Brasileiro
PSB	Partido Socialista Brasileiro
PSD	Partido Social Democrático
PSDB	Partido da Social Democracia Brasileira
Psol	Partido Socialismo e Liberdade
PSP	Partido Social Progressista
PST	Partido Social Trabalhista
PTB	Partido Trabalhista Brasileiro
PTN	Partido Trabalhista Nacional
PUC Minas	Pontifícia Universidade Católica de Minas Gerais
RCL	Receita Corrente Líquida
RMBH	Região Metropolitana de Belo Horizonte
Salte	Saúde, Alimentação, Transporte e Energia
Samu	Serviço de Atendimento Móvel de Urgência
STF	Supremo Tribunal Federal
Sudene	Superintendência de Desenvolvimento do Nordeste
TCE	Tribunal de Contas do Estado
TCU	Tribunal de Contas da União
TIC	Tecnologia da Informação e Comunicação
TSE	Tribunal Superior Eleitoral

UBS Unidade Básica de Saúde

UDN União Democrática Nacional

UE União Europeia

Ufop Universidade Federal de Ouro Preto

SUMÁRIO

INTRODUÇÃO 33

1
FUNDAMENTOS FILOSÓFICOS DO PLANEJAMENTO PÚBLICO 39

O bem comum e a felicidade coletiva na perspectiva de Aristóteles e sua
relevância para pensar o planejamento público 55

Péricles: o paradigma do governante virtuoso............................. 63

Em síntese 66

2
A EVOLUÇÃO DO PLANEJAMENTO PÚBLICO NO BRASIL 69

Instrumento político e controle formal das finanças públicas (1830-1890) 70

Raízes do planejamento governamental (1890-1930) 71

Era Vargas e a incipiente cultura de planejamento (1930-1945)............. 72

Governos Dutra e Vargas II (1946-1955) 73

JK: "Cinquenta anos em cinco" – o planejamento como disrupção (1956-1961). .74

João Goulart: Ministério do Planejamento e Plano Trienal (1961-1964) 82

Planejamento durante o Regime Militar (1964-1985)........................ 84

Redemocratização e Constituição Federal (pós-1985) 87

Em síntese 93

3

DIAGNÓSTICO: A PREMISSA DE UM PLANEJAMENTO EFETIVO 95

A fragilidade dos planos de governo municipais como ferramentas de diagnóstico 97

Transição governamental e diagnóstico antecipado 103

Consistência metodológica 105

Estruturando a análise básica 108

Checklist obrigatório para a elaboração do diagnóstico: 108

Em síntese 114

4

PLANEJAR E GOVERNAR: DOIS VERBOS EM SINERGIA 117

O triângulo de governo de Matus 122

Planejar é um ato dinâmico 124

Os quatro pilares da gestão pública contemporânea: lições baseadas em um painel com Antônio Anastasia 126

Planejamento: o pilar fundamental 127

PMDI: o planejamento de longo prazo em Minas Gerais 128

Coordenação: sinergia administrativa e política 130

Agenda: prioridades claras e bem-definidas 131

Equipe: competência e inteligência emocional 131

A polêmica proposta de extinção do PPA 132

Consequencialismo jurídico e gestão pública eficaz 135

Em síntese 136

5

GESTÃO PÚBLICA: O TERRENO DO PLANEJAMENTO 139

Divergências e convergências entre a gestão pública e a gestão privada 143

Orçamento público: promotor de desigualdades ou instrumento de transformação social? 148

A gestão pública municipal e o desenvolvimento no contexto federativo brasileiro 152

Modelos contemporâneos da governança pública e a transformação digital .. 156

Em síntese 159

6

ESTRATÉGIA: A BASE PARA O PLANEJAMENTO EFICAZ 161

Alguns fundamentos teóricos da estratégia 162

Enfoque estratégico: núcleo de governo, tática e liderança 168

Um breve panorama do Planejamento Estratégico Situacional 176

O momento estratégico na concepção de Matus 180

    Matriz de interesses 184

    Estratégia e a dinâmica dos conflitos 187

Em síntese 190

CONSIDERAÇÕES FINAIS 193

REFERÊNCIAS 203

INTRODUÇÃO

*Nenhum vento sopra a favor daquele que não
sabe a qual porto chegar.*
(Sêneca)

Há dois anos, iniciei a elaboração deste livro, movido por uma inquietação intelectual sobre o planejamento público no Brasil. Comumente se afirma que o país sofre de uma falta crônica de planejamento, e que as falhas na gestão pública são fruto de uma estruturação inadequada e inconsistente. Contudo, essa afirmação exige uma reflexão mais profunda: de fato carecemos de uma cultura de planejamento, ou estamos apenas reproduzindo um discurso simplista que mascara problemas mais complexos?

Em mais de duas décadas de atuação na administração pública — como vereador, prefeito e secretário em diferentes áreas, desde a direção de uma autarquia de saneamento, além de planejamento e finanças —, essa questão se tornou central nas minhas reflexões. A partir dessas experiências, surgiu o desejo de investigar o que realmente significava planejar e como essa prática podia ser determinante para construir uma sociedade mais eficiente e equitativa.

Este livro se apoia em três pilares fundamentais que sustentam sua estrutura e sua proposta. Primeiro, os contextos — históricos, sociais, políticos e conceituais — que moldam a maneira como o planejamento público é pensado e implementado. Em seguida, as reflexões — filosóficas, políticas e éticas — que nos permitem compreender o planejamento como algo que transcende a técnica, implicando compromissos e valores essenciais ao bem comum. Por fim, as estratégias que dão forma à prática de planejar e governar, buscando a excelência na gestão pública. Agregar valor à atividade pública, entregar resultados concretos e transformar as instituições em motores de desenvolvimento é objetivo que orienta as abordagens estratégicas exploradas ao longo da obra.

Esses três pilares são acompanhados por três olhares distintos, mas que se amalgamam ao longo de todo o texto. Um olhar reflexivo e filosófico, que questiona o sentido e a ética do planejamento; um olhar histórico e sociológico, que investiga as raízes e as transformações do planejamento ao longo do tempo; e, por fim, um olhar jurídico e de gestão, que traz a experiência prática e institucional do ato de planejar. Esses olhares não se apresentam de maneira isolada, mas dialogam entre si em um dinamismo constante, oferecendo ao leitor uma visão mais ampla e integrada sobre o que significa planejar e como essa prática pode ser transformadora para a gestão pública.

Em meio às incertezas e às complexidades do cenário público, o planejamento se configura em uma bússola que guia a construção de futuros possíveis. Planejar, nesse contexto, não é apenas um ato técnico ou um exercício administrativo; é um processo que se entrelaça com as aspirações coletivas, com os dilemas éticos e com os desafios inerentes ao convívio em sociedade.

O planejamento público é o alicerce sobre o qual se constrói uma gestão eficaz, sendo a base que sustenta políticas públicas e projetos estratégicos capazes de transformar profundamente realidades sociais, econômicas e políticas. Como dito na "Apresentação", *O poder do planejamento: reflexões e estratégias para a excelência na gestão pública* não se apresenta como um manual técnico, nem se limita a uma abordagem teórica convencional. Em vez disso, oferece reflexões transdisciplinares, contextos histórico-conceituais e percepções oriundas de duas décadas de experiência na vida pública. O resultado é uma obra que busca dialogar com as complexidades e os desafios do planejamento público, apresentando percepções e soluções que vão além do tecnicismo, fomentando reflexões que podem gerar caminhos inovadores para enfrentar os problemas públicos com base em um planejamento consciente.

A abordagem metodológica desta obra combina a análise crítica da literatura especializada com a aplicação prática de estudos de casos reais, extraídos de diferentes contextos da administração pública, com foco na administração municipal. Além disso, são apresentados contextos históricos que auxiliam na compreensão das práticas contemporâneas de governança. A integração entre teoria, prática e história oferece uma visão holística e aplicável das estratégias de planejamento, proporcionando insights que transcendem o abstrato e se conectam com as realidades concretas da gestão pública contemporânea. Com essa base metodológica, o livro explora como o planejamento pode se tornar uma ferramenta eficaz para enfrentar os desafios contemporâneos da governança e promover políticas públicas alinhadas às complexidades sociais, econômicas, culturais e políticas de nosso tempo. O propósito desta obra é, portanto, demonstrar como o planejamento público pode ser transformado em um instrumento poderoso para a construção de uma sociedade mais justa e equitativa.

Os capítulos que seguem exploram diversas dimensões do planejamento na administração pública, abordando desde as raízes filosóficas do processo de planejar e construir sociedades éticas até as práticas contemporâneas que moldam a governança no setor público. Cada seção foi elaborada para oferecer uma análise crítica e prática, aplicável tanto a gestores quanto àqueles que desejam refletir sobre os meandros do planejamento público.

O primeiro capítulo, "Fundamentos filosóficos do planejamento público", convida a uma reflexão sobre as bases filosóficas que sustentam o ato de planejar na esfera pública, demonstrando que o planejamento não é uma concepção nova, mas está presente desde priscas eras. O planejamento é abordado filosoficamente como um processo profundamente enraizado em questões éticas e políticas, influenciado por pensadores clássicos como Aristóteles, que discutem a organização da pólis, até teóricos contemporâneos como Jürgen Habermas, que destaca a importância do debate público e da razão comunicativa. A conexão entre filosofia e planejamento se torna evidente à medida que essas ideias são exploradas, formando a base para políticas que buscam promover o bem comum e a justiça social.

Além disso, o capítulo aborda a interseção entre ética e planejamento, defendendo que a ação pública deve sempre estar alinhada com princípios éticos que garantam a equidade e a inclusão. Ao examinar o papel do gestor público como um agente moral e político, o texto reconfigura a prática do planejamento, não apenas como uma técnica de gestão, mas como uma expressão de compromisso com uma sociedade mais justa — por isso, evoca o exemplo de Péricles, considerado parâmetro de "governante virtuoso" na Grécia Antiga.

O segundo capítulo, "A evolução do planejamento público no Brasil", traça uma linha do tempo que contextualiza historicamente o desenvolvimento das práticas de planejamento no país. Desde as primeiras tentativas de organização das finanças públicas no período imperial, passando pelas reformas da Era Vargas e a criação de instituições como o Departamento Administrativo do Serviço Público (Dasp), até a chegada da Constituição Federal de 1988 (CF/88), o capítulo examina como o planejamento público evoluiu de uma simples prática orçamentária no Brasil Colônia para um instrumento central de governança na contemporaneidade. Essa evolução histórico--conceitual é analisada à luz dos contextos políticos e econômicos que moldaram cada fase, destacando os avanços e retrocessos que caracterizam a trajetória do planejamento no Brasil.

Além de fornecer uma perspectiva histórica, o capítulo aborda como as mudanças estruturais, como a transição para a democracia e a descentralização administrativa, influenciaram o planejamento público. Com a promulgação da Constituição de 1988, o planejamento ganhou um novo status, sendo incorporado como princípio fundamental da administração pública, orientando as ações do governo em todos os níveis. Essa transformação culminou na criação de instrumentos como o Plano Plurianual (PPA), que passaram a integrar o planejamento estratégico ao orçamento público, estabelecendo metas de médio e longo prazo que buscam alinhar as políticas públicas aos objetivos de desenvolvimento do país.

O terceiro capítulo, "Diagnóstico: a premissa para o planejamento eficaz", destaca a importância de um diagnóstico bem elaborado como premissa para o processo de planejamento. Um diagnóstico preciso permite ao gestor público compreender a realidade social, econômica e política em que atua, identificando as necessidades, os problemas e as janelas de oportunidades que se abrem. Realizar diagnósticos precisos apresenta-se como um atributo para a implementação de políticas eficazes e orientadas para resultados.

O capítulo aborda ferramentas práticas e teóricas para a realização de diagnósticos que identifiquem os problemas e revelem as potencialidades e os recursos disponíveis em um dado contexto. A importância de envolver a comunidade e outras partes interessadas no processo de diagnóstico também é enfatizada, destacando como a inclusão de múltiplas perspectivas pode enriquecer a compreensão das questões em jogo e contribuir para a formulação de políticas mais justas e eficazes. Assim, o diagnóstico é apresentado como um processo dinâmico e participativo, essencial para o sucesso e a excelência do planejamento público.

O quarto capítulo, "Planejar e governar: dois verbos em sinergia", examina a complexa relação entre planejamento e governança, destacando a importância de uma abordagem estratégica e adaptativa para enfrentar os desafios da administração pública. Utilizando o conceito de "triângulo de governo" de Carlos Matus, o capítulo analisa como a capacidade de governo, a governabilidade e o projeto de governo interagem para determinar o êxito ou o fracasso de uma gestão. Por meio de exemplos práticos, discute-se como essas variáveis podem ser equilibradas para promover uma governança eficaz e orientada para resultados.

O capítulo também explora como o planejamento, quando bem executado, pode ser uma ferramenta poderosa para superar resistências políticas e sociais, garantindo que os projetos de governo sejam implementados de forma eficaz. A ideia central aqui é que o planejamento não é um fim em si, mas um meio para alcançar objetivos maiores de transformação social, cultural e econômica. A participação ativa dos líderes governamentais no processo de planejamento é destacada como um fator decisivo para o sucesso, mostrando que a responsabilização e o comprometimento são elementos-chave para que os planos não fiquem apenas no papel, mas traduzam-se em ações concretas.

O quinto capítulo, "Gestão pública: o terreno do planejamento", apresenta a gestão pública como o espaço onde se articulam as complexidades e particularidades da administração governamental. Diferentemente da gestão privada, a gestão pública está intrinsecamente vinculada ao compromisso com o interesse coletivo e à promoção da justiça social. Esse capítulo oferece uma análise crítica das interações entre técnica e política, revelando como essas forças convergem e, por vezes, entram em tensão na prática administrativa, impactando diretamente a formulação e a execução das políticas públicas.

O capítulo também aborda as diferenças e semelhanças entre a gestão pública e a gestão privada, destacando como os objetivos e as pressões enfrentadas por gestores públicos diferem daqueles no setor privado. A análise trata das especificidades da gestão pública, como a necessidade de transparência, a responsabilidade social e o compromisso com a equidade. Ao mesmo tempo, o capítulo reconhece que certas práticas de gestão privada, como a busca pela eficiência operacional, podem ser adaptadas ao contexto público, desde que respeitadas as diferenças fundamentais entre os dois setores.

O sexto capítulo, "Estratégia: a base para o planejamento eficaz", explora a relação indissociável entre estratégia e planejamento no contexto da gestão pública. A estratégia, entendida como a definição de caminhos e a coordenação de meios para alcançar objetivos, é fundamental para a efetividade do planejamento governamental. O texto analisa algumas das principais teorias e metodologias de planejamento estratégico, adaptando-as às especificidades do setor público, e destaca a importância de uma visão de longo prazo que incorpore flexibilidade e inovação.

Ademais, o capítulo aborda os desafios de implementar estratégias eficazes em um ambiente de constante mudança e incerteza. A importância de uma liderança capaz e visionária é enfatizada como um fator crítico para o sucesso do planejamento estratégico. O capítulo também explora como a colaboração interinstitucional e o engajamento da sociedade civil são essenciais para a formulação de estratégias que sejam a um só tempo realistas, inclusivas e representativas dos interesses da população.

Este livro não se limita a ser um repositório de teorias, mas um convite à reflexão profunda e à ação eficaz, dirigido àqueles que se dedicam à gestão pública e que almejam contribuir para a excelência na administração de nosso país. Ao longo desta obra, as ideias apresentadas buscam não apenas informar, mas inspirar uma transformação real e duradoura na maneira como o planejamento é concebido e implementado, sempre com o objetivo de promover o bem comum e fortalecer a democracia.

1
FUNDAMENTOS FILOSÓFICOS DO PLANEJAMENTO PÚBLICO

Muitos políticos veem facilitado seu nefasto trabalho pela ausência da Filosofia. Massas e funcionários são mais fáceis de manipular quando não pensam, mas tão somente usam de uma inteligência de rebanho. É preciso impedir que os homens se tornem sensatos. Mais vale, portanto, que a Filosofia seja vista como algo entediante. Oxalá desaparecessem as cátedras de Filosofia, quanto mais vaidades se ensine, menos estarão os homens arriscados a se deixar tocar pela luz da Filosofia.
(Jaspers, 2006, p. 139).

As próximas páginas visam explorar a compreensão sobre os fundamentos filosóficos que substanciam o processo do planejamento público, destacando a importância de uma abordagem reflexiva e estratégica para a configuração de uma sociedade virtuosa e equânime. Partindo da ideia de que o planejamento é uma jornada contínua, as próximas páginas enfatizam a necessidade de clareza e discernimento nos objetivos e ações governamentais. A filosofia, com sua capacidade de questionar e problematizar, é capaz de oferecer uma mirada privilegiada para o entendimento da complexidade da administração pública e as consequências de suas ações para a formatação de uma sociedade.

Ela permite transcender o olhar técnico e burocrático, alcançando uma compreensão mais profunda dos valores e princípios éticos que devem orientar a gestão pública. Por meio da filosofia, é possível refletir criticamente sobre o poder, a justiça, a equidade e a moralidade das decisões administrativas, promovendo uma governança que não se limita aos interesses imediatos, mas que busca construir uma sociedade mais justa e inclusiva. Essa reflexão contínua é essencial para evitar que a administração pública se torne apenas uma máquina operativa, desconectada dos anseios humanos e sociais, reforçando a necessidade de um planejamento que contemple o bem comum.

Com inspiração na citação da sabedoria clássica de Sêneca na introdução deste livro, deve-se reconhecer, ao fim dele, que, sem uma direção clara, qualquer esforço administrativo pode ser infrutífero. Assim como o filósofo romano advertia que "nenhum vento é favorável para quem não sabe aonde vai", na gestão pública, a ausência de propósito definido e planejamento estratégico pode transformar até os recursos mais abundantes e as melhores intenções em desperdício de tempo e energia. A administração pública, sobretudo diante dos desafios da contemporaneidade, deve estar alicerçada em objetivos precisos e a uma visão de médio e longo prazos, capazes de guiar as ações e decisões rumo ao bem comum, garantindo que os esforços sejam eficientes e promovam resultados concretos. Sem essa bússola orientadora, corre-se o risco de realizar ações descoordenadas que podem gerar mais confusão do que progresso, deixando a sociedade à deriva em vez de conduzi-la rumo a um desenvolvimento sustentável e justo.

Algumas das perguntas filosóficas mais fundamentais, que remontam aos manuais de filosofia do ensino médio, incluem indagações como "Quem somos?", "De onde viemos?", "Para onde vamos?" e "Qual o sentido da vida?" Este livro não tem como objetivo oferecer respostas a essas questões, nem no âmbito público, onde não há soluções genéricas e cada pergunta requer análises aprofundadas da realidade de cada organização, nem no âmbito privado, domínio exclusivo de cada indivíduo na singularidade do espaço pessoal. Contudo, essas questões constituem um excelente ponto de partida para uma reflexão sobre o planejamento governamental e suas complexidades.

De modo análogo à frase de Sêneca nas *Cartas a Lucílio*, o planejamento pode ser comparado a uma longa jornada repleta de desafios. Em uma viagem extensa, é inconcebível não traçar a rota, escolher os melhores caminhos e antecipar os riscos conhecidos ao longo do trajeto, além de considerar possíveis ameaças que possam comprometer uma chegada segura. Ignorar esses aspectos é imprudente; e pode revelar, até mesmo, uma grave falta de discernimento e de responsabilidade. O planejamento, tanto em sua dimensão pessoal quanto na esfera pública, exige essa preparação cuidadosa. Sem uma visão clara do destino e uma estratégia adequada para enfrentar os obstáculos, a jornada se transforma em um exercício de incertezas, em que o risco de fracasso aumenta exponencialmente. Da mesma forma, na administração pública, a ausência de um planejamento estruturado compromete o futuro da sociedade, expondo-a a perdas, desvios e retrocessos que poderiam ser evitados com uma gestão mais consciente e prevenida.

No contexto do planejamento público, as clássicas perguntas filosóficas mencionadas anteriormente podem ser assim reinterpretadas:

1. **Quem somos nós?** Qual é a identidade de uma entidade pública, da sociedade e de um mandato governamental? Para que existe a instituição? Essa pergunta busca definir não apenas a essência e os valores que norteiam a atuação de uma organização pública, mas também seu papel específico dentro do contexto social e político em que está inserida. Ao responder a essa questão, a organização reafirma sua legitimidade e fortalece o sentido de suas ações, estabelecendo uma conexão clara com as demandas da sociedade;

2. **De onde viemos?** Qual é a história da organização pública em questão? Esta questão explora as origens e o desenvolvimento histórico da entidade, reconhecendo que as decisões, políticas e práticas atuais são frequentemente influenciadas pelo passado. Ao compreender esse percurso, é possível identificar padrões de sucesso, bem como erros que não devem ser repetidos. Além disso, essa reflexão histórica proporciona uma base mais sólida para que a organização pública possa evoluir e inovar de maneira consciente;

3. **Qual é o nosso propósito?** Qual é a missão desta organização e por que ela foi criada? O propósito deve refletir a razão de ser da entidade pública e responder às necessidades e às expectativas da sociedade. Questionar a missão da organização vai além de meros objetivos operacionais; trata-se de uma reflexão sobre o impacto que ela deve gerar na vida

pública. Dessa forma, o planejamento passa a ser guiado por um objetivo mais claro, que une todas as ações em prol de um bem comum maior;

4. **Para onde estamos indo?** Qual é a visão da organização pública? Quais são os objetivos futuros que orientam suas ações? Esta indagação nos leva a refletir sobre os cenários de médio e longo prazo, em que a instituição se projeta e visualiza sua contribuição contínua para o desenvolvimento da sociedade. Aqui, o planejamento público se revela como um exercício não só de eficiência, mas também de imaginação, no sentido de construir uma sociedade mais justa, sustentável e próspera. Sem essa visão orientadora, qualquer plano corre o risco de perder o rumo.

Se na vida privada responder às indagações filosóficas pode levar décadas de reflexões intermináveis, muitas vezes deixando-nos com mais dúvidas do que certezas, na vida pública essas questões demandam respostas imediatas e claras. Isso porque o futuro de uma comunidade depende diretamente das decisões tomadas por seus líderes. Na esfera pública, a responsabilidade de liderar exige decisões bem fundamentadas e, sobretudo, uma compreensão profunda da importância do planejamento como ferramenta essencial de poder, capaz de moldar o destino coletivo.

O poder do planejamento reside na capacidade de transformar visões em realidade e, ao mesmo tempo, satisfazer as necessidades imediatas. Como já advertia o fabulista grego Esopo no século IV a.C., "Deve-se cuidar hoje das necessidades de amanhã". Este princípio atemporal reflete a essência desta obra. O título enfatiza que o verdadeiro poder na gestão pública está na habilidade de equilibrar o presente e o futuro: agir de forma eficiente agora, atendendo às demandas atuais, enquanto se antecipam os desafios vindouros, planejando e executando ações que garantam um futuro próspero, sustentável e justo. Como destacou José Ingenieros, "por indefectível que seja pensar no amanhã, dedicando-lhe certa parte de nossos esforços, é impossível deixar de viver no presente, pensando nele, ao menos em parte". O planejamento eficaz, portanto, deve encontrar o equilíbrio entre o presente e o futuro, reconhecendo que as decisões tomadas hoje moldam tanto o agora quanto o amanhã.

As reflexões apresentadas nesta obra derivam diretamente dessa premissa, reafirmando que o planejamento não é apenas uma tarefa administrativa, mas, acima de tudo, um ato de liderança e de poder, compreendido como fundamental para a construção do amanhã. Michel Foucault ([1978] 2017), um dos filósofos mais influentes do século XX, argumenta que o poder não é algo que se possui, mas sim algo que se exerce por meio de uma complexa rede de relações sociais. Para o pensador francês, o poder está presente em todas as interações humanas, muitas vezes de forma invisível, e se manifesta não apenas em instituições ou estruturas, mas também nas práticas cotidianas.

Nesse contexto, o planejamento deve ser entendido como uma prática estratégica que mobiliza e exerce esse poder difuso, direcionando ações e recursos para moldar o destino coletivo. O verdadeiro poder do planejamento reside em sua capacidade de transformar teorias em realidades concretas, organizando o presente e projetando um futuro desejado. Dessa forma, o ato de planejar na gestão pública não se restringe à execução de tarefas administrativas; ele se expande para influenciar e estruturar a realidade social, exercendo um poder que configura, governa e, em última instância, define os rumos da comunidade. O planejamento, portanto, é uma expressão tangível desse poder, capaz de criar as condições necessárias para um futuro próspero e justo.

É nesse ponto que a filosofia se torna essencial, oferecendo as ferramentas necessárias para questionar, refletir e orientar esse processo. Ao longo dos séculos, a filosofia tem sido fundamental na formação do pensamento crítico e na construção de paradigmas que orientam a ação humana em áreas como governança, política e planejamento público. A filosofia, ao contrapor a *doxa* (opinião) à *techne* (conhecimento técnico e rigoroso), oferece uma perspectiva crítica indispensável no planejamento público. O planejamento não deve se basear apenas em percepções superficiais ou opiniões de senso comum, mas em um saber sistematizado, diagnósticos precisos e metodologias tecnicamente fundamentadas.

Sem esse embasamento técnico, as políticas públicas podem facilmente se perder em soluções temporárias, superficiais e ineficazes, falhando em alcançar resultados sustentáveis e de impacto concreto. No entanto, é essencial reconhecer que a dimensão política é inseparável do planejamento público. Como qualquer prática voltada ao bem comum, o planejamento ocorre dentro de uma realidade social complexa — a pólis —, onde múltiplos interesses, valores e dinâmicas se entrelaçam.

A filosofia nos lembra que compreender a pólis, seus cidadãos, suas demandas e peculiaridades é tão fundamental quanto o conhecimento técnico no processo de planejar. Políticas públicas que desconsideram as especificidades sociais e culturais da pólis correm o risco de ser tecnicamente perfeitas, mas socialmente ineficazes.

Portanto, o planejamento público não pode ser puramente técnico; ele deve equilibrar o rigor técnico com uma leitura crítica e profunda da realidade social, política e econômica em que está inserido. Somente assim será possível desenhar e implementar políticas que, além de eficientes, sejam verdadeiramente inclusivas e transformadoras para a sociedade como um todo.

Nesse sentido, a verdadeira virtude no planejamento público reside na interseção entre a *techne* e a política. A filosofia está a nos ensinar que a arte do planejamento público requer o domínio tanto do conhecimento técnico quanto da compreensão e mediação dos conflitos e interesses inerentes à atividade política. É nessa interseção entre o técnico e o político, guiada por uma reflexão filosófica, que se encontra uma abordagem equilibrada e crítica. Isso garante que as políticas públicas e os projetos estratégicos sejam executados de maneira eficiente, respondendo às necessidades sociais e, ao mesmo tempo, promovendo a justiça, a equidade e o bem comum.

Ao explorar as grandes questões filosóficas, como a natureza do poder, da justiça, da ética e da comunidade, somos levados a refletir sobre como esses conceitos fundamentais podem e devem ser aplicados na prática administrativa. O planejamento público, nesse contexto, não é meramente uma questão técnica, mas uma empreitada que exige uma compreensão profunda dos valores e princípios que orientam as decisões que afetam o bem comum e moldam o *ethos* da pólis.

É justamente nesse sentido que o pensamento filosófico se torna um aliado indispensável na construção de um planejamento público que seja verdadeiramente reflexivo, ético e eficaz. Vincular as ideias de planejamento com a filosofia não é apenas possível, mas necessário, pois a filosofia, longe de ser um exercício voltado para o passado, é um esforço contínuo de reflexão sobre o presente e de construção do futuro. Ela nos convida a uma prática reflexiva constante sobre a humanidade e sobre os caminhos para a humanização, promovendo um senso de comunidade e virtude inafastáveis do planejamento público enquanto método e processo de alcançar os resultados coletivos desejados.

A capacidade de questionar o status quo, de olhar além das soluções imediatas e de considerar as implicações em longo prazo é habilidade fomentada pela filosofia, essencial para qualquer gestor público comprometido com a transformação social. Nesse sentido, a filosofia não apenas complementa o planejamento público, mas enriquece-o, orientando-o para soluções mais justas, inclusivas e sustentáveis, garantindo que a prática administrativa esteja profundamente comprometida com a construção de uma sociedade melhor para todos.

Os filósofos elencados para este diálogo foram selecionados por sua capacidade crítica e por suas análises incisivas sobre a sociedade de seu tempo. Aristóteles, Alain de Botton, Hannah Arendt, Michel Foucault e John Dewey, cada um à sua maneira, teceram reflexões fundamentais sobre os desafios da governança e a estruturação do poder. A escolha desses pensadores, no entanto, é, em última instância, um ato discricionário, guiado pela afinidade entre suas reflexões e as questões centrais para este livro. Poderiam ter sido escolhidos outros filósofos igualmente relevantes, mas essa seleção reflete o caráter plural do pensamento filosófico e exemplifica que a interseção entre planejamento e filosofia vai além de um mero desiderato deste autor.

Não se aprofundarão aqui os detalhes das obras e dos pensamentos de cada um desses filósofos, pois o objetivo deste capítulo não é oferecer uma análise exaustiva de seus trabalhos. O propósito é, antes, mostrar que o diálogo entre filosofia e planejamento público é não apenas possível, mas pode ser considerado essencial. O planejamento deve ser, acima de tudo, essencialmente crítico e conectado ao senso de comunidade, com a construção de uma sociedade mais justa e virtuosa.

A filosofia, ao nos instigar à reflexão sobre os valores que orientam as decisões dos gestores públicos e atores políticos, torna-se uma ferramenta valiosa para que o planejamento público alcance seus objetivos éticos e sociais. Esse diálogo filosófico não se limita a um exercício teórico; é um esforço concreto para construir criticamente uma sociedade mais humanizada, ética e justa. Pensemos, por exemplo, sobre o poder. O que é o poder e qual a sua natureza?

O filósofo suíço Alain de Botton sugere que o verdadeiro poder não está em expandir fronteiras, mas em transformar nossa perspectiva sobre o que já conhecemos. Essa reflexão sublinha a relevância de reimaginar as estruturas políticas e sociais, inaugurando formas de compreender as relações humanas e os modelos de governança. Em um artigo publicado na *Folha de São Paulo* no fim da década de 1990, De Botton enfatiza que a política desempenha um papel primordial na construção de uma vida digna para as pessoas. Esta afirmação permite inferir a importância do planejamento público como uma ferramenta indispensável da prática política, essencial para a promoção do bem-estar coletivo (De Botton, 1998).

Essa ideia ressoa com Aristóteles, que em sua obra *Política* (2013) sugere que é impossível garantir o bem individual de cada um sem a ciência política. Para ele, a política não se restringe a gerir interesses privados, como acontece nas tiranias ou oligarquias, mas é a ciência fundamental para alcançar o bem comum. Governar, nesse sentido, é um ato que deve ser orientado para a justiça social, em que a participação cidadã e a divisão equilibrada do poder são pilares para o desenvolvimento social. A busca por esse equilíbrio é o que sustenta a legitimidade do Estado e garante que a governança promova a equidade e o desenvolvimento.

No contexto do poder político, o planejamento público surge como uma ferramenta indispensável para que as políticas e os recursos sejam direcionados de forma eficaz, atendendo às necessidades da população de maneira transparente e responsável. Um planejamento bem estruturado não só aumenta a eficiência administrativa, mas também fortalece a confiança dos cidadãos no governo, criando um círculo virtuoso de participação cívica e responsabilidade mútua. Quando o planejamento público é orientado pelo bem comum, ele transcende a administração técnica e se converte em um ato de poder genuíno, refletindo as aspirações coletivas e a responsabilidade compartilhada na construção de um futuro mais justo.

A construção de uma sociedade melhor, portanto, exige não apenas uma compreensão técnica das políticas públicas, mas uma profunda percepção das interações humanas e da natureza política da comunidade. Governança não pode se limitar a decisões unilaterais; ela deve ser um espaço contínuo de diálogo e deliberação coletiva. Nesse sentido, a reflexão filosófica sobre a política e o planejamento público se torna essencial para fortalecer a democracia e promover o bem-estar social. Planejar não é apenas uma ação administrativa, mas um ato político que reflete as necessidades e aspirações da comunidade.

Alain de Botton, enquanto filósofo contemporâneo, estabelece uma ponte crítica entre o pensamento filosófico e as práticas de governança e planejamento. Sua visão do poder e da política, voltada para a melhoria das condições de vida, ecoa a necessidade de adotarmos novas formas de pensamento que desafiem o status quo e transcendam as soluções convencionais. Ao lado de Aristóteles, De Botton nos convida a repensar a função do Estado e dos gestores públicos, reforçando a ideia de que a verdadeira transformação social nasce de um olhar crítico.

Além disso, o planejamento público não pode ser entendido apenas como uma ação técnica isolada, mas como uma prática política profundamente conectada ao cotidiano dos cidadãos. Quando Aristóteles defende que a política é o caminho para o bem comum, ele nos alerta para a centralidade do planejamento público como parte essencial desse processo. O diálogo entre a filosofia e o planejamento se torna, assim, não apenas necessário, mas vital para que os gestores públicos promovam uma governança que não só atenda às demandas imediatas, como também projete um futuro sustentável e justo.

À medida que exploramos essas reflexões, o pensamento filosófico se revela uma poderosa ferramenta para enfrentar os desafios da governança atual. Em um cenário onde o poder, a política e as questões comunitárias se entrelaçam, é imperativo adotar uma mentalidade que vá além das aparências e das soluções tradicionais. Ao observarmos as ideias de pensadores como De Botton e

Aristóteles, vemos que a política e o planejamento público, quando orientados pela filosofia, têm o potencial de construir uma sociedade mais justa, equitativa e preparada para os desafios do futuro.

Nesse ponto, surge a necessidade de um olhar mais profundo sobre a relação entre o poder e a ação política, que nos leva à obra de Hannah Arendt, uma das mais influentes filósofas do século passado. Sua visão sobre o poder e a política, centrada na ação coletiva e no espaço público, oferece uma abordagem indispensável para compreender como a participação cidadã e o planejamento público podem se entrelaçar de forma a fortalecer a democracia e promover a justiça social. Arendt nos desafia a repensar a natureza do poder, não como dominação, mas como uma força que emerge da ação conjunta e da deliberação democrática.

Hannah Arendt, conhecida por suas reflexões sobre totalitarismo, condição humana e a natureza do poder, afirma que "a essência dos direitos humanos é o direito de ter direitos, ou seja, o direito de pertencer a uma comunidade organizada"(Arendt, 2004, p. 152). Essa afirmação, no contexto do planejamento público, sublinha a necessidade imperiosa de desenvolver estratégias que garantam a inclusão e a participação efetiva de todos os cidadãos, assegurando que as políticas públicas não apenas respondam, mas também antecipem as demandas da comunidade como um todo.

Arendt, ao dedicar grande parte de sua obra a explorar as dinâmicas do poder e da política, nos lembra que o verdadeiro sentido do planejamento público reside em sua capacidade de engajar e integrar as diversas vozes da sociedade, respeitando a diversidade e promovendo a coesão social. O planejamento, assim como a política, é uma arena em que o poder emerge da ação conjunta e da deliberação democrática, onde cada indivíduo tem o direito de pertencer a um espaço público compartilhado. Nesse sentido, o ato de planejar não se restringe a uma atividade técnica ou meramente administrativa, mas assume um caráter profundamente político, à medida que envolve a construção e a sustentação do espaço comum em que os direitos de todos são garantidos.

Depreende-se das ideias de Arendt que o planejamento público pode ser concebido, acima de tudo, como um processo que visa a criação de condições que assegurem o pertencimento e a participação de todos os cidadãos, sem exceção. Para Arendt, a inclusão plena na comunidade política é fundamental para que as pessoas possam exercer sua cidadania de maneira efetiva. Assim, o planejamento público precisa ir além da simples gestão de recursos; deve ser uma ferramenta para construir uma sociedade que promova justiça, equidade e Direitos Humanos, respondendo às demandas atuais e antecipando-se às futuras.

Seguindo essa linha de reflexão sobre o poder, a política e a governança, vale mencionar novamente Michel Foucault, que nos oferece uma perspectiva crítica singular ao afirmar que "governar é estruturar o possível" (Foucault, 2006). Boa parte do trabalho do filósofo francês se concentra nas formas pelas quais o poder se manifesta e se perpetua nas instituições e práticas sociais, ampliando a compreensão de governança ao destacar que ela transcende a simples administração de recursos. Governar, para Foucault, envolve criar as condições que tornem certas ações e políticas não apenas possíveis, mas eficazes e transformadoras. Mais uma vez, em diálogo com o âmbito do planejamento público, essa visão implica que os gestores têm a responsabilidade de estruturar políticas que ampliem as oportunidades de desenvolvimento e promovam a inclusão (em toda a sua dimensão), utilizando o poder de maneira estratégica e construtiva. Com base em Foucault, é possível pensar o planejamento como uma prática que, ao organizar o possível, abre caminhos para a transformação social, garantindo que o poder seja exercido de forma a expandir as capacidades e as liberdades no interior da sociedade.

É importante esclarecer, uma vez mais, que este capítulo não pretende, em momento algum, funcionar como um guia filosófico para planejadores públicos. A proposta aqui está longe de se assemelhar a um manual de autoajuda governamental; muito pelo contrário, o que se busca é estabelecer diálogos e reflexões que possam aperfeiçoar a compreensão do planejamento público como uma prática inserida em um contexto mais amplo e complexo do que a realização de obras ou ações governamentais isoladas.

A menção a esses filósofos vale como exemplificação de como o planejamento se conecta com questões fundamentais da filosofia, demonstrando que ele vai muito além da simples estruturação de orçamentos de curto prazo para governos. Planejar, no sentido profundo aqui discutido, é engajar-se em uma reflexão crítica sobre a sociedade, o poder, a ética, as estratégias, os contextos e a identidade coletiva.

Seguindo nesta linha, o filósofo e pedagogo norte-americano John Dewey (1859-1952) oferece uma contribuição valiosa com sua reflexão sobre a democracia. Ele argumenta que "a democracia é mais do que uma forma de governo; é, primeiramente, um modo de vida associado, de experiência comunicada conjuntamente" (Dewey, 1916). Essa reflexão enfatiza que a democracia não pode jamais ser considerada um estado estático, mas um processo dinâmico de constante interação e comunicação. No planejamento e na gestão pública, essa visão se traduz também na necessidade de envolver a comunidade em todas as etapas do processo de planejamento, garantindo que as políticas sejam moldadas pelas experiências e necessidades reais dos cidadãos. Dewey nos lembra que a essência do planejamento, enquanto instrumento essencialmente democrático, está no diálogo constante entre governo e sociedade, diálogo esse que legitima a ação pública e a ação de planejar as diretrizes e as estratégias de um governo e de uma comunidade política.

Como se pode depreender, as abordagens filosóficas revelam a profunda interconexão entre gestão, governo, política e planejamento público. Elas demonstram que o planejamento público vai além de uma simples função administrativa ou orçamentária, estando intrinsecamente ligado à própria essência da democracia e à construção de uma comunidade mais justa. Isso exige uma visão abrangente e inclusiva que aborde as complexidades políticas, sociais e éticas que caracterizam uma comunidade. Mais à frente, será explorado como Aristóteles, ao refletir sobre a vida virtuosa, também vincula a virtude ao senso de comunidade, mostrando que a excelência no planejamento público é inseparável do compromisso com o bem comum. Fica claro que o planejamento público se insere em um contexto mais amplo, no qual a eficiência da gestão deve estar alinhada com a promoção da participação cidadã, da emancipação socioeconômica da sociedade, da inclusão social e do fortalecimento das instituições democráticas.

Por isso, esta obra propõe tecer reflexões teóricas e práticas sobre a importância do planejamento público. Ela explora a natureza do planejamento na esfera pública e a urgência de sua implementação, especialmente no contexto histórico atual. A abordagem adotada neste trabalho não se restringe ao academicismo, nem se limita ao pragmatismo metodológico; busca-se, ao contrário, combinar ambos de forma equilibrada e reflexiva. A integração das experiências acadêmicas e profissionais é muito importante na medida em que aprimora a discussão sobre a relevância e a aplicabilidade do planejamento no âmbito público, mostrando como teoria e prática se complementam na construção de uma governança verdadeiramente democrática.

Pode parecer inusitado iniciar este livro com uma reflexão filosófica de natureza existencialista. No entanto, a filosofia é convocada aqui para questionar e problematizar nosso ponto de partida como comunidade: quem somos, qual é o nosso lugar no mundo e que direção desejamos tomar coletivamente são três das indagações possíveis e necessárias para nos localizarmos no mundo e emprestar sentido à nossa própria existência enquanto sujeitos políticos. Essas questões são fundamentais não apenas para nossa compreensão individual, mas também para a construção de uma visão coletiva que guie o planejamento e a gestão pública. A filosofia, desse modo, não se limita a uma abstração distante da realidade; ao contrário, ela se torna um instrumento vital para o desenvolvimento de políticas públicas que reflitam os valores e aspirações de uma sociedade.

Classicamente, a filosofia surge como um esforço sistemático de compreender a realidade por meio da razão e da reflexão crítica sobre o ser, o mundo, os fenômenos naturais e a ética; no entanto ela se apresenta como uma ferramenta essencial para a construção de sociedades justas e equilibradas. Na contemporaneidade, a filosofia exige um diálogo abrangente com diversas áreas do conhecimento. Este trabalho busca justamente essa interseção entre filosofia, gestão, planejamento, sociologia, economia e direito, demonstrando que essas disciplinas não devem ser percebidas enquanto compartimentos nucleados, mas partes interligadas de um todo coerente. A ausência da filosofia em uma discussão tão relevante seria, de fato, uma lacuna significativa, dado seu papel essencial em provocar e orientar a reflexão coletiva. O processo contínuo de reflexão deve permear todas as esferas da vida, especialmente no seio das organizações públicas, que representam o epicentro da ação humana.

Muitos filósofos contemporâneos veem a filosofia justamente como essa disciplina aberta, em constante diálogo com a ciência e outros campos do saber. Esta perspectiva é compatível com a necessidade urgente, destacada por renomados estudiosos dos estudos organizacionais, de integrar a reflexão filosófica na gestão e no planejamento público. Como argumentam Jones e Bos (2007), a filosofia proporciona uma lente crítica que nos permite examinar com profundidade reflexiva as práticas e os princípios que orientam as ações governamentais.

Ao reconhecer que o planejamento público se insere em um contexto mais amplo, no qual gestão eficiente, participação cidadã e fortalecimento das instituições democráticas estão interligados, este livro propõe uma abordagem integrada. Essa visão holística se torna fundamental para desenvolver políticas públicas que sejam eficazes, justas e inclusivas, respondendo às complexas necessidades de nossas sociedades contemporâneas.

Superar a visão limitada que considera a filosofia como uma mera contemplação passiva diante do mundo e de seus fenômenos é uma premissa fundamental. Essa imagem, preconceituosamente perpetuada, retrata o filósofo como um observador inerte, um simples receptor de informações, afastado da ação. No entanto, ao contrário desse mito preconceituoso, a filosofia se revela também como um exercício reflexivo prático, intrinsecamente conectado à realidade. Deve ser compreendida também como um processo ativo de observação, criação e ação, desvinculado de objetos unicamente metafísicos ou abstratos que supostamente estariam além de outros domínios do conhecimento. O conhecimento filosófico se encontra em uma aliança ativa e integrada, atravessando diversos domínios do saber, possibilitando a emergência de novas formas de compreensão, novos problemas e novos conceitos em contextos variados (Machado, 2009).

Pode-se afirmar que, embora as ciências sociais aplicadas, como a administração, a economia e a filosofia, sejam distintas em seus campos de conhecimento, elas são interdependentes e complementares. A diferenciação entre essas esferas epistemológicas reside, essencialmente, nas questões que cada uma busca abordar. Enquanto um gestor, um economista ou consultor, ao explorar o fenômeno organizacional, pode se questionar sobre a melhor abordagem para implementar um programa de modelagem de processos em uma organização específica, um filósofo deve se indagar sobre os princípios e premissas que levaram à escolha dessa abordagem e por que é necessário implementar um programa de aprimoramento de processos.

Essa interconexão vital entre filosofia e gestão sugere que o gestor contemporâneo deve adotar uma postura criticamente filosófica. Embora essa ideia possa parecer um tanto peculiar, não se está sugerindo que o gestor deva se tornar um filósofo, mas sim que ele deve cultivar uma atitude crítica, questionando metodologias e recusando-se a aceitar verdades absolutas ou dogmas intocáveis. Por exemplo, ao enfrentar um desafio organizacional complexo, um gestor com uma postura filosófica pode perguntar: "Quais são as suposições subjacentes a essa metodologia?" ou "Como essa abordagem se alinha com os valores e a missão da organização?" Tais perguntas não apenas promovem uma compreensão mais profunda, mas também incentivam a inovação e a adaptabilidade, essenciais para a gestão eficaz no ambiente dinâmico e imprevisível dos dias atuais.

O administrador público contemporâneo deve, primordialmente, ser um crítico perspicaz. Caso contrário, sua atuação se limitará à de um mero executor de recursos, um operador de políticas públicas, em detrimento de assumir um papel efetivo de gestor, eximindo-se de liderar. Essa necessidade é ainda mais premente se o gestor for também um agente político, pois espera-se, no mínimo, que um representante político (diretamente eleito ou designado por algum mandatário para essa função) possua uma postura inteligentemente crítica e reflexiva.

Desde as primeiras linhas, fica claro que, embora este livro não se configure especificamente em uma obra sobre a filosofia das organizações, a filosofia da administração ou algo similar, há uma reflexão constante sobre o planejamento, a atividade humana no contexto da administração pública, o papel do gestor e a função da representação política na condução da sociedade, especialmente em períodos de crise da democracia representativa e da fragilidade das instituições clássicas da ordem democrática.

Ademais, é fundamental reconhecer que a interdisciplinaridade é uma ferramenta poderosa para abordar os desafios complexos que permeiam o planejamento e a própria gestão pública. Nesse sentido, a integração da filosofia com outras áreas do conhecimento, como a administração, a sociologia, a economia, o direito e a ciência política, pode proporcionar uma compreensão mais ampla e profunda dos fenômenos sociais e políticos que moldam a realidade governamental.

A filosofia, ao instigar questionamentos sobre os fundamentos éticos, morais e epistemológicos das práticas administrativas, contribui para uma reflexão crítica e reflexiva sobre o exercício do poder e a tomada de decisões no âmbito público. Assim, ao promover esse diálogo interdisciplinar, este livro busca a um só tempo robustecer o debate sobre o planejamento e a gestão pública, além de fornecer subsídios para uma atuação mais consciente, ética e eficaz dos gestores e agentes políticos diante do contexto repleto de desafios e incertezas que caracteriza a hodiernidade.

Este livro, portanto, destina-se à leitura tanto dos gestores públicos de todas as esferas federativas (municipal, estadual e federal) quanto àqueles que reconhecem que a gestão pública nunca deve se restringir à simples execução acrítica das políticas públicas, nem se ater à rigidez de um mero operador político. A intenção aqui visa justamente ampliar as perspectivas e fomentar um planejamento público que, à luz da filosofia, seja capaz de se comprometer com o bem comum, a participação cidadã e a virtude na condução da res publica.

Com isso, abre-se espaço para uma discussão aprofundada sobre a teoria do bem comum e a felicidade coletiva na perspectiva de Aristóteles, um dos grandes pilares do pensamento filosófico ocidental. Na próxima seção, será explorada a relevância da ética aristotélica para o planejamento público, demonstrando como a busca pela vida virtuosa e pela felicidade coletiva está intrinsecamente ligada à construção de uma sociedade justa e equilibrada. A sabedoria de Aristóteles oferece uma lente valiosa para entender o papel do planejamento como uma ferramenta essencial não apenas para a gestão eficiente, mas também para a promoção do bem comum e da felicidade coletiva.

O BEM COMUM E A FELICIDADE COLETIVA NA PERSPECTIVA DE ARISTÓTELES E SUA RELEVÂNCIA PARA PENSAR O PLANEJAMENTO PÚBLICO

A felicidade é a maior realização do homem, e ela só pode ser encontrada na comunidade.
(Aristóteles, Ética a Nicômaco, Livro I, Capítulo 7).

A filosofia política de Aristóteles oferece uma base importante para a concepção do planejamento público, compreendido como um instrumento essencial para a promoção do bem comum e da felicidade coletiva. De acordo com Aristóteles, a cidade-Estado (pólis) existe por duas razões básicas: garantir a sobrevivência dos cidadãos e possibilitar a vida boa, ou seja, uma vida virtuosa e feliz para todos aqueles que vivem na cidade.

A concepção aristotélica sublinha a importância de um Estado que seja bem-organizado e que, por consequência, consiga atender aos interesses de seus cidadãos, promovendo a justiça e o bem-estar social.

Nessa linha, o planejamento público pode ser visto como uma extensão prática da busca aristotélica pela virtude, em que as políticas planejadas com rigor técnico e ético visam moldar uma sociedade justa e equilibrada. Assim, o papel dos gestores públicos, ao tomarem decisões de planejamento, se aproxima do conceito de "prudência" (*phronesis*), que para Aristóteles era a virtude prática mais elevada, responsável pela correta deliberação sobre o bem comum.

A concepção de justiça, fundamental na visão aristotélica, reflete diretamente nas políticas públicas contemporâneas, sobretudo nas práticas de justiça distributiva, em que o planejamento público busca criar condições equitativas para a distribuição de recursos e oportunidades, assegurando que o Estado atue como guardião do bem comum. Embora o conceito de pólis se refira ao contexto da Grécia Antiga, sua essência é preservada na ideia moderna de Estado democrático, que, a exemplo da cidade-Estado grega, deve ser organizado de maneira a possibilitar o florescimento humano, promovendo uma vida virtuosa e igualitária para seus cidadãos por meio de um planejamento que reflita os ideais de justiça e bem-estar coletivo.

Aristóteles, em sua obra *Política*, argumenta que o objetivo último da pólis é permitir que os indivíduos vivam uma vida eudaimônica, ou seja, uma vida plena e realizada. Para ele, a felicidade/justiça da alma (*eudaimonia*) é o bem supremo, o fim último que todos os seres humanos naturalmente desejam. No entanto, essa felicidade não é alcançada isoladamente, mas por meio da vida em comunidade, onde o bem individual está intrinsecamente ligado ao bem comum. Essa perspectiva fundamenta a ideia de que o planejamento público deve ser orientado para a criação de condições que permitam o florescimento humano em um contexto socialmente integrado.

Aristóteles diferencia as várias formas de governo com base em como elas servem ao bem comum. Para ele, as formas de governo que visam ao interesse comum, como a monarquia (quando reta), a aristocracia e a politeia (governo constitucional), são superiores às formas de governo que servem apenas aos interesses de poucos, como a tirania, a oligarquia e a democracia corrupta. Essa distinção se baseia na ideia de que o governo deve sempre buscar o bem de todos os seus cidadãos, não apenas de uma classe ou grupo específico. Em *Política*, Aristóteles afirma: "Aquele que estabelece uma constituição que visa ao bem comum forma uma constituição correta; aquele que visa ao bem privado, um desvio" (Aristóteles, 2013, p. 78).

Nesse contexto, o planejamento público assume um papel central como uma ferramenta para garantir que as políticas governamentais estejam orientadas para o bem comum. O planejamento público pode ser entendido como um processo sistemático de definição de metas, estratégias e ações que têm como objetivo o desenvolvimento harmonioso da sociedade. Isso implica, necessariamente, um governo que atua de maneira justa e eficiente, promovendo o bem-estar de todos os cidadãos. Portanto, o planejamento público, sob a ótica aristotélica, não é um mero exercício técnico, mas uma manifestação concreta do compromisso do Estado com a promoção da justiça e da virtude.

Aristóteles enfatiza a virtude como um meio para a felicidade. Ele vê a virtude como um hábito, uma disposição a agir de maneira correta e justa. A prática da virtude é central para a vida boa e, por conseguinte, para a felicidade. No contexto do planejamento público, isso implica que os governantes e os planejadores devem agir com prudência, justiça, coragem e temperança — as virtudes cardeais — ao formular e implementar políticas públicas.

Como dito anteriormente, a prudência (*phronesis*), para Aristóteles, é a virtude que possibilita ao indivíduo deliberar corretamente sobre o que é bom e vantajoso, não apenas para si, mas para a comunidade como um todo. No âmbito do planejamento público, a prudência se manifesta na capacidade de formular políticas que equilibrem as necessidades imediatas da população com a sustentabilidade em longo prazo das ações governamentais. Isso requer uma visão integrada, que considera as complexas interdependências entre os diferentes setores da sociedade e uma atenção meticulosa às consequências das decisões políticas.

Por exemplo, ao planejar o desenvolvimento urbano, um governo prudente não apenas atenderia às demandas por habitação e infraestrutura, mas também garantiria que essas ações fossem ambientalmente sustentáveis e socialmente inclusivas. Isso reflete a ideia aristotélica de que a virtude está no meio-termo, na justa medida que evita os excessos e as carências. O planejamento público virtuoso, portanto, é aquele que busca o equilíbrio entre diferentes interesses, promovendo o bem comum de forma justa e equitativa.

Aristóteles também reconhece a importância da justiça distributiva e da justiça corretiva no contexto da pólis. A justiça distributiva refere-se à distribuição dos bens da comunidade de acordo com o mérito e as necessidades, enquanto a justiça corretiva trata da reparação de danos. Ambas são fundamentais para o bem comum e, por extensão, para a felicidade coletiva. Em Ética a Nicômaco, ele expõe: "A justiça, portanto, é a virtude que cria e preserva a felicidade ou seus componentes para a comunidade política" (Aristóteles, 2009, p. 117).

Há, claramente, uma dimensão ética do planejamento público. A virtude, na concepção aristotélica, não deve se limitar a um conjunto de disposições individuais, mas se estende ao comportamento ético na vida pública e na atividade política. Para Aristóteles, a ética e a política estão profundamente entrelaçadas, e a excelência moral dos indivíduos deve se refletir na excelência das instituições que governam a vida em comum. A ética pública, desse modo, é vista como uma extensão natural da ética individual, pela qual o governante virtuoso age não apenas com vistas ao bem pessoal, mas, sobretudo, ao bem coletivo.

O planejamento público, nesse sentido, deve ser guiado por uma ética que transcende o interesse particular e que se alicerce nos princípios do bem comum, da justiça e da virtude. A prática ética no planejamento público implica que as decisões políticas não sejam tomadas com base em interesses unicamente imediatistas ou em conveniências pessoais, mas segundo uma deliberação cuidadosa sobre o que é justo e benéfico para toda a comunidade.

Aristóteles argumenta que a justiça é a virtude que melhor se alinha ao bem comum, porque "o homem justo é o homem virtuoso que se preocupa com o bem de todos os homens"(Aristóteles, 2009, p. 113). Essa perspectiva ética é fundamental para o planejamento público, pois garante que as políticas e ações governamentais sejam desenhadas e implementadas de maneira a promover a igualdade, a equidade e a justiça social. Quando o planejamento público é realizado com base nesses princípios éticos, ele contribui para a construção de uma sociedade mais justa e coesa, onde a felicidade coletiva pode ser alcançada.

Além disso, Aristóteles enfatiza a importância do caráter moral dos governantes, afirmando que "o caráter do governante deve ser virtuoso para que ele possa governar de maneira justa"(Aristóteles, 2013, p. 99). Isso significa que os responsáveis pelo planejamento público devem possuir não apenas habilidades técnicas, mas também um forte compromisso ético com o bem comum — por isso deve haver uma reflexão constante durante o processo de planejar e modelar as políticas públicas e ações estratégicas. A ética política, assim, é a base sobre a qual se constrói um planejamento público eficaz e justo.

No pensamento aristotélico, a ética política é a ciência do bem comum, orientando o governante a buscar as melhores formas de organização social e política para promover uma vida virtuosa e a felicidade dos cidadãos. O planejamento público, enquanto prática política, deve ser orientado por essa ética, que busca harmonizar os interesses individuais e coletivos e promover o florescimento humano em toda a sua plenitude.

O pensador argumenta que "a política é a arte suprema, porque é aquela que busca o bem humano no sentido mais elevado" (Aristóteles, 2013, p. 55). Isso implica que o planejamento público, como parte da prática política, deve ser realizado com o objetivo de alcançar o bem supremo — a felicidade coletiva. Para isso, é necessário que os governantes possuam uma visão eminentemente ética que transcenda as preocupações imediatas e se concentre na construção de uma sociedade justa e virtuosa.

Essa cosmovisão ético-política deve guiar todas as fases do planejamento público, desde a definição de metas e prioridades até a implementação e avaliação das políticas e dos projetos estratégicos. A ética política, portanto, não é apenas uma reflexão teórica, mas uma prática contínua que exige dos governantes uma atitude de responsabilidade, justiça e compromisso com o bem comum.

O conceito de interesse público, quando articulado com a ideia aristotélica de bem comum, estabelece uma conexão direta com o planejamento público como um exercício de cuidado ético. Aristóteles nos ensina que o governo deve sempre buscar o bem comum, orientando suas ações pela justiça e pela virtude. Nesse contexto, o planejamento público surge como um instrumento fundamental para a realização desse ideal, uma vez que é por meio do planejamento que os governantes podem antecipar necessidades, organizar recursos e delinear estratégias que promovam o bem-estar coletivo.

O interesse público, ao ser considerado no processo de planejamento, exige que os governantes atuem com prudência, uma das virtudes cardeais aristotélicas, o que requer deliberar corretamente sobre o que é bom para a comunidade. Esse cuidado ético reflete a responsabilidade de alinhar as políticas públicas com os verdadeiros interesses da sociedade, evitando que o planejamento se reduza a uma mera gestão técnica desvinculada de suas implicações morais. Desse modo, o planejamento público, quando guiado pelo interesse público, transcende a eficiência operacional para se tornar uma prática ético-política que busca a realização do bem comum e a promoção de uma vida virtuosa para todos os cidadãos. É nesse sentido que o planejamento público, como uma manifestação do interesse da coletividade, deve ser visto não apenas como uma função administrativa, mas como um compromisso ético com a construção de uma sociedade justa e equitativa.

Aristóteles também adverte contra os perigos da corrupção e do desvio ético na política, que podem comprometer o bem comum e minar a confiança dos cidadãos nas instituições. Ele afirma que, "quando o governante age com vistas ao seu próprio benefício, e não ao bem comum, ele se torna um tirano"(Aristóteles, 2013, p. 101). Esse alerta é particularmente relevante para o planejamento público, pois a corrupção e o desvio de poder podem transformar políticas bem-intencionadas em instrumentos de opressão e injustiça.

A corrupção e o desvio de poder não apenas comprometem a moralidade do governante, mas também afetam diretamente a eficácia do planejamento público. Políticas que na sua concepção visavam promover o bem comum podem ser distorcidas para atender a interesses privados, resultando em um planejamento falho, ineficaz e que aprofunda as desigualdades sociais. A admoestação aristotélica se mantém relevante nas sociedades contemporâneas, onde o desvio de poder e a corrupção continuam sendo desafios enfrentados por diversas democracias. Diversas pesquisas indicam que a corrupção é considerada um dos maiores males da sociedade atual.

No Brasil, por exemplo, de acordo com pesquisa realizada pelo Atlas Político em 2024, a corrupção é vista pela população como um dos maiores problemas do país, com a criminalidade, afetando profundamente a confiança nas instituições e na governança pública[2]. Tais desvios corroem a confiança pública e transformam o Estado, originalmente uma entidade que deveria proteger e servir ao bem comum, em um instrumento de injustiça e opressão. Portanto, a ética política aristotélica exige que os governantes atuem com integridade, transparência e responsabilidade, sempre com o objetivo de promover o bem comum. Essa ética deve ser o norte que orienta o planejamento público, garantindo que as políticas sejam justas, equitativas e voltadas para o benefício de toda a comunidade.

Assim, a ética política aristotélica não deve apenas orientar a conduta dos governantes, mas também ser o princípio orientador em todas as fases do planejamento público — desde a elaboração das políticas até sua execução e avaliação. A integridade, a transparência e a responsabilidade, quando incorporadas ao planejamento, asseguram que as políticas públicas sejam, de fato, instrumentos de justiça social, promovendo o bem-estar de toda a comunidade.

---

[2] Conforme aponta pesquisa do Atlas Político, a corrupção é vista pela população brasileira como um dos maiores problemas do país, ao lado da criminalidade (Lucena, 2024).

Com isso, a perspectiva aristotélica nos oferece uma compreensão substancial do papel do planejamento público na promoção do bem comum e da felicidade coletiva, ainda que não houvesse um planejamento tal qual o conhecemos nos dias de hoje. O planejamento público, quando orientado pela virtude e pela justiça, organiza a vida em comunidade e possibilita que cada cidadão realize seu potencial e contribua para o florescimento coletivo. As virtudes cardeais, especialmente a prudência e a justiça, são fundamentais para guiar as decisões políticas e assegurar que o governo esteja sempre orientado para o bem comum.

Aristóteles nos instiga a pensar o planejamento público como uma expressão da virtude ética aplicada ao campo político. Essa visão nos desafia a refletir sobre o papel do Estado e dos governantes na construção de uma sociedade que transcende os interesses individuais em prol de um bem comum que favoreça a felicidade coletiva. Com isso, convida-nos a aprofundar o entendimento do planejamento público em sua dimensão ética, buscando sempre a harmonia entre a justiça social e a virtude política.

É importante mencionar um outro conceito grego fundamental para este diálogo filosófico sobre o planejamento público: trata-se da *areté*, termo cuja origem remonta à Grécia Antiga e que, em sua essência, significa "excelência" ou "virtude". No contexto grego, *areté* não se restringia a uma qualidade técnica ou a uma competência específica, mas designava a virtude máxima que um indivíduo poderia atingir, tanto em suas ações pessoais quanto em suas contribuições para a comunidade.

Originalmente associada à excelência física e moral dos guerreiros, a *areté* foi expandida pelos filósofos, como Platão e Aristóteles, para englobar o mais alto ideal de perfeição humana. No campo da política e da administração pública, *areté* é a personificação do equilíbrio entre a habilidade técnica e o compromisso ético, orientando o governante para a busca incessante do bem comum.

Aplicar o conceito de *areté* ao planejamento público é reconhecer que a verdadeira excelência não pode ser atingida apenas por meio da eficiência administrativa ou da gestão técnica. A *areté* envolve uma dimensão ética profunda, em que cada decisão é tomada com vistas a promover a justiça e a equidade social. Em uma gestão pública orientada pela *areté*, as ações não se limitam ao cumprimento de metas, mas refletem um compromisso contínuo com o desenvolvimento moral e material da sociedade. A *areté* exige que o gestor seja não apenas um administrador, mas um líder capaz de integrar a eficiência técnica com uma visão crítica e ética, garantindo que as políticas implementadas estejam em consonância com os princípios mais elevados da virtude.

Ao discutir *areté* no contexto do planejamento público, enfatiza-se que a excelência administrativa só se concretiza plenamente quando alinhada à virtude ética. Esse conceito guia o gestor público para além da tecnocracia, desafiando-o a adotar uma postura que concilie o saber técnico com a responsabilidade moral. É essa virtude que transforma a administração pública em uma prática que não apenas organiza e distribui recursos, mas que molda a sociedade em direção a uma justiça maior. Nesse sentido, a figura de Péricles, líder de Atenas, emerge como um exemplo paradigmático da *areté* aplicada à esfera pública. Sob sua liderança, a excelência não foi um conceito abstrato, mas uma realidade vivida na prática política, exemplificando como a virtude pode moldar o destino de uma comunidade.

Essa reflexão nos prepara para compreender o papel simbólico de Péricles, que incorporou essa virtude política e soube conduzir o bem comum em sua comunidade. Péricles, governante de Atenas durante seu período de maior esplendor, simboliza a virtude em ação e exemplifica como um líder pode, ao aplicar a prudência e a justiça, transformar a pólis em um modelo de organização política e cultural.

PÉRICLES: O PARADIGMA DO GOVERNANTE VIRTUOSO

Péricles foi o primeiro dos cidadãos de Atenas a perceber que a verdadeira glória de um governante reside na sabedoria de suas decisões e na justiça de suas ações.
(Plutarco, 1914, p. 203).

Péricles, uma das figuras mais notáveis da história grega, personifica o arquétipo do governante virtuoso, cuja liderança foi marcada pela prudência, coragem e justiça, valores fundamentais para o planejamento público eficaz. Seu governo, durante o Século de Ouro ateniense (461-429 a.C.), consolidou a democracia e transformou Atenas em um modelo de cidade-Estado, demonstrando que a virtude política é o fundamento de uma administração orientada para o bem comum. Nascido em uma família aristocrática, Péricles foi educado por grandes filósofos e intelectuais de sua época, incluindo Anaxágoras, cujas ideias moldaram sua visão de mundo e estilo de liderança. Assumindo o comando de Atenas em um momento desafiador, ele desempenhou um papel fundamental na consolidação da democracia ateniense e na transformação da cidade em um dos maiores centros culturais, políticos e militares da antiguidade.

Durante o seu governo, Péricles demonstrou virtudes que o tornaram um exemplo clássico de governante virtuoso. Sua liderança foi marcada por uma combinação rara de prudência, coragem, justiça e sabedoria, virtudes que Aristóteles posteriormente destacou como essenciais para qualquer líder político. Péricles acreditava convictamente na importância da participação cidadã, e, sob sua direção, a pólis ateniense floresceu como uma democracia direta, onde os cidadãos tinham voz ativa na formulação das "políticas públicas" (a expressão não é adequada do ponto de vista histórico, mas vale didaticamente aqui) e na condução dos destinos da cidade. Como observa Kagan (1991), a capacidade de Péricles de inspirar e mobilizar os cidadãos de Atenas foi um dos fatores que mais contribuíram para o sucesso de sua liderança. Essa habilidade em engajar a população em seus projetos reforçou a coesão social e foi vital para a realização das grandes obras que marcaram a sua administração.

Uma das principais virtudes de Péricles foi a prudência. Ele sabia que, para Atenas manter sua hegemonia no mundo grego, era necessário não apenas expandir seu poder militar, mas também cultivar uma identidade cultural forte e coesa. Com essa visão, Péricles patrocinou grandes projetos arquitetônicos e artísticos, como a construção do Partenon. Os projetos realizados em seu governo possuíam um claro propósito: fortalecer a pólis tanto internamente quanto externamente, projetando sua imagem como a líder indiscutível do mundo grego. Ober (1996) destaca que tais obras públicas foram fundamentais para reforçar o prestígio de Atenas e serviram como um meio de unificar a cidade sob um ideal comum, promovendo uma identidade coletiva que perduraria por gerações. Esse é o conceito que hoje chamamos de propósito. Não há planejamento público sem propósito — eis a valiosa lição de Péricles para os nossos tempos. Fica evidente a preocupação de Péricles com o legado que deixaria para futuras gerações, um aspecto que todo governante, ao planejar, deveria ter como prioridade. O legado não é apenas um reflexo do passado, mas também um compromisso com o futuro.

Outro aspecto central da liderança de Péricles foi sua coragem, especialmente em tempos de guerra. Durante a Guerra do Peloponeso, Péricles tomou decisões difíceis, como a retirada da população rural para dentro dos muros de Atenas, mesmo sabendo que essa estratégia seria impopular e acarretaria sérios desafios logísticos. Ele compreendia que a preservação da cidade e de seus habitantes era a prioridade máxima naquele momento e estava disposto a suportar as críticas e os sacrifícios necessários para proteger Atenas.

Thucydides[3] relata que Péricles, diante das adversidades, declarou: "A grandeza de Atenas não reside apenas em suas vitórias militares, mas em sua capacidade de liderar e inspirar outros povos" (Thucydides, 2009, p. 45). Essa firmeza diante das adversidades refletia sua convicção de que o destino da cidade-Estado dependia de uma liderança que não temesse tomar decisões impopulares em nome do bem comum, demonstrando sua capacidade de pensar estrategicamente mesmo sob pressão.

---

[3] Tucídides (c. 460 a.C.–c. 395 a.C.) foi um historiador e general ateniense, amplamente considerado um dos maiores historiadores da antiguidade. Ele é mais conhecido por sua obra *História da Guerra do Peloponeso*, que narra o conflito entre Atenas e Esparta, ocorrido de 431 a.C. a 404 a.C.

Mais uma das lições valiosas de Péricles: sem uma liderança firme e inspiradora, o melhor planejamento pode se tornar simplesmente inócuo. É a liderança que dá a devida direção e sentido (propósito) ao plano, garantindo a sua execução e, por conseguinte, a materialização do legado.

Péricles também se destacou por sua justiça, especialmente no que tange à igualdade de participação na vida pública. Ele foi um dos responsáveis por reformas que ampliaram o acesso dos cidadãos às instituições democráticas, garantindo que todos — independentemente de sua condição, mas dentro do regramento grego — pudessem participar da vida política de Atenas. Essa preocupação com a equidade e a inclusão é um dos legados mais duradouros de Péricles, que via a justiça não apenas como uma virtude individual, mas como um princípio sem a qual não haveria coesão social e, consequentemente, estabilidade para a cidade-Estado. Como argumenta Finley (1983), as reformas de Péricles foram essenciais para a ampliação da base da democracia ateniense, ao passo que solidificaram o compromisso da cidade com a justiça social e a igualdade (conceitos que não podem ser tratados com anacronismo e que possuem sentido histórico para aquela sociedade naquele momento histórico), assegurando que a participação política não fosse percebida como um privilégio, mas como um direito essencial de todos os cidadãos atenienses.

Finalmente, a sabedoria de Péricles manifestou-se em sua habilidade de governar com uma visão em longo prazo, que ia além das necessidades imediatas. Ele compreendia que o verdadeiro poder de Atenas não residia apenas em suas conquistas militares, mas também em sua capacidade de inspirar e liderar pelo exemplo. Sob sua liderança, Atenas tornou-se o berço de uma cultura que influenciaria o mundo ocidental por milênios, produzindo filósofos, artistas e cientistas cujas obras continuam a ser estudadas e admiradas até hoje.

Rhodes (2010) sugere que a visão de Péricles, especialmente no que diz respeito à promoção da cultura e da educação, foi instrumental para assegurar que a influência de Atenas perdurasse muito além de seu apogeu militar. Sua capacidade de antecipar as necessidades de sua cidade e de trabalhar para garantir que essas necessidades fossem atendidas demonstra uma liderança que transcende as limitações do tempo e do contexto histórico. Esse compromisso com o futuro e com o legado é o que diferencia um governante comum de um líder extraordinário.

Péricles personifica o arquétipo do governante virtuoso, cuja liderança foi guiada por um compromisso com o bem comum e pela capacidade de harmonizar os interesses individuais e coletivos de sua cidade. Sua trajetória enriquece a compreensão dos fundamentos filosóficos do planejamento público e oferece um modelo de liderança que permanece altamente relevante mesmo atualmente. Ao revisitarmos as suas ações e decisões, percebemos que, mesmo em um tempo anterior ao conceito formal de planejamento público, as virtudes de um líder visionário como Péricles permanecem essenciais para a construção de uma sociedade mais próspera. A importância de pensar no legado e na liderança, como Péricles exemplificou, é uma lição intemporal que ecoa na prática do planejamento público contemporâneo.

EM SÍNTESE

O planejamento público, ao ser interpretado pelo prisma da filosofia, revela-se mais do que uma simples técnica de gestão, mostra-se como um empreendimento racional que exige uma autêntica reflexão sobre os rumos da sociedade. Como adverte Sêneca, "nenhum vento sopra a favor de quem não sabe a qual porto chegar"; essa máxima clássica ecoa a urgência de uma direção clara para que as ações administrativas alcancem seu verdadeiro propósito. É nesse ponto que a filosofia se torna indispensável: ao questionar as finalidades e motivações das ações governamentais, ela ilumina o caminho para uma prática administrativa que transcende a eficiência técnica e se orienta pela busca da justiça e do bem comum — isto é, configurando-se, assim, como um processo ético.

Aristóteles, com sua filosofia política, oferece-nos uma lição atemporal: o Estado existe para possibilitar uma vida virtuosa e feliz. Pode-se dizer que o bem comum e a felicidade coletiva são, para ele, o horizonte último do planejamento público, que deve ser guiado pelas virtudes da prudência e da justiça. A prudência, em particular, exige que os gestores públicos não apenas respondam às demandas imediatas, mas também considerem as consequências de longo prazo de suas ações, garantindo que o planejamento seja uma expressão da ética e responsabilidade.

A liderança de Péricles emerge como paradigma de governança virtuosa. Durante o Século de Ouro de Atenas, Péricles demonstrou que o verdadeiro poder reside na sabedoria das decisões e na justiça das ações, princípios que devem nortear qualquer processo de planejamento na contemporaneidade. A construção de Atenas como um centro de cultura, política e influência foi fruto de uma visão que transcendeu as necessidades imediatas, priorizando um legado duradouro para futuras gerações. Péricles, ao harmonizar os interesses individuais e coletivos, nos ensina que a liderança virtuosa e o planejamento visionário são indissociáveis para a criação de uma sociedade próspera e justa.

A filosofia, longe de ser um exercício abstrato, incita uma postura crítica e reflexiva nos gestores, rompendo com o conformismo e o dogmatismo. Como sublinham pensadores como Hannah Arendt e Michel Foucault, governar é estruturar o possível, criar condições para que a vida em sociedade se desenvolva de maneira inclusiva e democrática. Assim, o planejamento público, quando enraizado em uma visão filosófica, não apenas organiza recursos públicos e racionaliza o orçamento, mas transforma-se em um ato ético-político, que busca realizar o potencial coletivo e construir uma sociedade mais justa e coesa.

Neste sentido, a filosofia não é um adereço ao planejamento público; ela é o seu próprio fundamento, a base que sustenta a reflexão e a ação. É por meio desse diálogo entre filosofia e administração pública que se pode promover o bem comum, garantindo que as políticas e ações governamentais sejam não apenas eficazes, mas também moralmente sustentáveis. O planejamento público, orientado por uma ética que transcende o interesse individual, torna-se, assim, um instrumento para a construção de um futuro alinhado aos princípios da virtude e da justiça, oferecendo uma resposta concreta aos desafios da vida em sociedade.

2
A EVOLUÇÃO DO PLANEJAMENTO PÚBLICO NO BRASIL

Um homem que não planeja com antecedência encontrará problemas à sua porta.
(Confúcio)

Este capítulo visa traçar uma cronologia histórico-conceitual do planejamento governamental no Brasil, destacando as principais iniciativas e seus impactos ao longo do tempo. Busca-se compreender como o planejamento evoluiu desde o fim do século XIX até os dias atuais, incluindo as programações orçamentárias, que, embora não sejam exatamente sinônimos de planejamento, serão tratadas de forma conjunta para fins didáticos. O texto examina os períodos-chave e os contextos políticos que moldaram a administração pública e o desenvolvimento econômico do país. Também analisa as influências políticas e econômicas que direcionaram os principais planos governamentais, oferecendo uma visão abrangente da trajetória do planejamento e do orçamento público no Brasil[4].

De antemão, é importante notar que há divergências entre autores quanto à classificação dos períodos do planejamento governamental no Brasil, e este livro não pretende explorar tais controvérsias. O objetivo é mostrar que, embora o conceito e o formato de planejamento governamental como conhecemos hoje

---

[4] O planejamento governamental é abordado aqui de forma ampla, incluindo aspectos econômicos, administrativos e orçamentários. Embora existam distinções conceituais e metodológicas entre diferentes tipos de planejamento, como econômico, estratégico, operacional e orçamentário, a escolha foi tratar o planejamento público de forma integrada — para além de compartimentações. O objetivo é fornecer um panorama abrangente e compreensível da evolução do planejamento no Brasil, evitando detalhes específicos que poderiam fragmentar a análise. Essa abordagem visa facilitar a compreensão de um tema complexo e multifacetado.

INSTRUMENTO POLÍTICO E CONTROLE FORMAL DAS FINANÇAS PÚBLICAS (1830-1890)

O primeiro orçamento brasileiro remonta a 1830, estabelecido pelo Decreto Legislativo de 15 de dezembro daquele ano, que fixava as despesas e orçava as receitas das antigas províncias para o exercício de 1831. A peça orçamentária foi elaborada sob a vigência da Constituição imperial de 1824 e consistia em um mero instrumento político de controle de finanças públicas; não se pode dizer que era um instrumento administrativo de planejamento. Por isso, essa fase não é considerada importante entre os principais autores que estudam a evolução do planejamento público brasileiro.

Com a primeira Constituição republicana, de 1891, houve mudanças na distribuição de competências em relação ao orçamento. A elaboração passou a ser privativa do Congresso Nacional, assim como a tomada de contas do Executivo. Visando auxiliar o Congresso no controle de gastos, a primeira Constituição Federal instituiu um Tribunal de Contas. A iniciativa da lei orçamentária ficou a cargo da Câmara, mas, na realidade, "sempre partiu do gabinete do ministro da Fazenda que, mediante entendimentos reservados e extraoficiais, orientava a comissão parlamentar de finanças na elaboração da lei orçamentária" (Gontijo, 2004, não paginado).

Em 1922, por ato do Congresso Nacional, foi aprovado o Código de Contabilidade da União (Decreto 4.536/1922), que possibilitou o ordenamento dos procedimentos orçamentários, financeiros, contábeis e patrimoniais da gestão federal. O código formalizou a prática de o Executivo fornecer ao Legislativo todos os elementos necessários para que este exercitasse sua atribuição de iniciar a elaboração da lei orçamentária.

No art. 13 do referido código, lê-se: "O governo enviará à Câmara dos Deputados, até 31 de maio de cada ano, a proposta de fixação da despesa, como cálculo da receita geral da República, para servir de base à iniciativa da Lei de Orçamento"(Brasil, 1922, art. 13). Esse artigo deixava claro que a proposta do governo deveria ter a forma de um projeto de lei acabado, não se assemelhando ao caso americano, em que o Congresso recebia e analisava as solicitações de dotações por parte dos órgãos.

Apesar da existência de peças orçamentárias desde 1830, não havia, nesse período, uma concepção de planejamento tal como a conhecemos atualmente. A questão era predominantemente orçamentária, focada no controle de receitas e despesas. Neste livro, delimitamos esse marco temporal porque, conforme mencionado anteriormente, é essencial compreender o orçamento como parte antecedente às concepções de planejamento. Contudo, é importante salientar que, nesse período, o planejamento específico, como uma prática administrativa consolidada, não estava presente, nem mesmo de forma embrionária.

RAÍZES DO PLANEJAMENTO GOVERNAMENTAL (1890-1930)

Alguns autores identificam as raízes do planejamento governamental no Brasil no fim do século XIX, especialmente a partir de 1890. Nesse período, o governo da chamada República Velha, ou República Agrária, institucionalizou o Plano de Viação, que deu os primeiros passos rumo à sistematização da coordenação das contas públicas no país.

Posteriormente, em função dos desequilíbrios nas contas públicas, o governo criou o Plano de Recuperação Econômico-Financeira, coordenado pelo então ministro da Fazenda, Joaquim Murtinho. De toda forma, é fundamental mencionar que somente a partir do advento do Estado Novo, nos anos 30, é que o Brasil ingressou sistematicamente na adoção e concepção de planejamento governamental mais consistente.

ERA VARGAS E A INCIPIENTE CULTURA DE PLANEJAMENTO (1930-1945)

Nos primeiros anos da Era Vargas (1930-1937) e, mais especificamente, durante o Estado Novo (1937-1945), o Brasil começou a construir uma cultura e prática de planejamento governamental. Esse processo foi impulsionado pela necessidade de reestruturar a economia diante das crises globais, como a Grande Depressão de 1929, que expôs as vulnerabilidades do modelo agrário-exportador. A incipiente industrialização, a intervenção do Estado por meio da criação de empresas públicas e a política nacionalista de defesa dos interesses das elites industrializantes foram os pilares dessa nova fase do desenvolvimento brasileiro (Ianni, 1986b).

Durante esse período, o Estado desempenhou um papel central como indutor e condutor do planejamento econômico, estabelecendo as bases do que seria posteriormente conhecido como Estado desenvolvimentista. A burocracia estatal, fortalecida pelo aparato autoritário do Estado Novo, assumiu a responsabilidade pela implementação das ações governamentais, consolidando o papel do Estado como o principal agente de desenvolvimento.

Duas iniciativas importantes marcaram esse período: o Plano Quinquenal de Obras e Equipamentos e seu antecessor, o Plano de Obras Públicas e Preparo da Defesa Nacional. Ambos almejavam preparar o país para os infortúnios da Segunda Guerra Mundial. Esses planos foram elaborados pelo governo de Getúlio Vargas e focavam a construção de infraestrutura e a criação de indústrias de base, embora não considerassem as condições financeiras para sua concretização. Embora esses planos tenham sofrido interrupções e ajustes com a queda de Vargas e o fim do Estado Novo, eles lançaram as bases para o desenvolvimento industrial do Brasil no pós-guerra, especialmente na criação de uma infraestrutura que favoreceu a expansão das indústrias de base e a consolidação de setores estratégicos, como o siderúrgico.

Esses planos sofreram alterações significativas em 1945, à medida que o governo de Vargas perdia força. Com a Constituição de 1946 e o término da Segunda Guerra Mundial, o Brasil entrou em uma nova fase política e econômica, na qual o planejamento governamental continuaria a evoluir, mas agora em um cenário democrático que traria novos desafios e possibilidades para a industrialização do país (Souza, A. 2004).

GOVERNOS DUTRA E VARGAS II
(1946-1955)

O período entre 1946 e 1955, que abrange os governos de Eurico Gaspar Dutra e o segundo mandato de Getúlio Vargas, foi marcado pela necessidade de reconstrução econômica no contexto pós- -Segunda Guerra Mundial. O Brasil, assim como outras nações em desenvolvimento, enfrentava desafios significativos de subdesen- volvimento e buscava soluções por meio do planejamento econômico e da industrialização.

Os principais autores que se dedicam a pesquisar a história do planejamento público brasileiro ressaltam o papel do Plano Salte (1949-1953), implementado pelo Departamento Administrativo do Serviço Público (Dasp), criado no governo Vargas. O plano, que se concentrou em áreas estratégicas como saúde, alimentação, trans- porte e energia, visava atacar os gargalos estruturais que impediam o desenvolvimento econômico do país. No entanto, a execução do Plano Salte enfrentou sérios problemas de financiamento, além de uma falta de articulação entre o orçamento e o plano, o que com- prometeu sua efetividade (Souza, A. 2004). Mesmo assim, o governo federal iniciou a implementação do plano a partir de 1949.

O segundo governo de Getúlio Vargas (1951-1954) marcou um retorno ao foco na industrialização como caminho para superar o subdesenvolvimento crônico do Brasil. O Plano Nacional de Rea- parelhamento Econômico, conhecido como Plano Lafer, foi uma das principais iniciativas dessa fase, buscando fomentar o desen- volvimento industrial com recursos internos por meio do emprés- timo compulsório adicional sobre o imposto de renda. O período também foi marcado pela criação de instituições cruciais para o planejamento econômico de longo prazo, como o Banco Nacional de Desenvolvimento Econômico (BNDE), atual BNDES, em 1952, e a Petrobras, que estabeleceu as bases para a política de industriali- zação e autossuficiência energética. A criação dessas instituições, somada à fundação da Eletrobras, refletiu a busca por um Estado mais estruturado e capaz de conduzir o desenvolvimento nacional (Ianni, 1986; Souza, A. 2004).

Apesar das ambições desses planos, tanto o Plano Salte quanto o Plano Lafer sofreram com a falta de coordenação eficiente entre a burocracia estatal e o financiamento necessário para sua plena implementação. A ausência de uma cultura consolidada de planejamento e a dificuldade em alinhar os recursos orçamentários às metas propostas resultaram em uma execução fragmentada, que comprometeu parte dos resultados esperados. No entanto, essas iniciativas pavimentaram o caminho para uma compreensão mais clara sobre a necessidade de planejamento integrado e de longo prazo, que seria retomada em governos posteriores.

JK: "CINQUENTA ANOS EM CINCO" — O PLANEJAMENTO COMO DISRUPÇÃO (1956-1961)

O cenário político que levou Kubitschek (PSD/PTB/PR/PTN/PST/PRT) ao poder foi tumultuado. Ele foi eleito em 1955 com 35,68% dos votos válidos ante 30,27% de Juarez Távora (UDN/PDC/PL/PSB), 25,77% de Ademar de Barros (PSP) e 8,28% de Plínio Salgado (PRP) — uma disputa acirrada depois do suicídio de Getúlio Vargas em 1954.

O suicídio de Vargas havia deixado o país em choque, e a eleição de Kubitschek foi marcada por desconfianças de setores militares e conservadores, que viam sua candidatura com receio, especialmente por sua aliança com João Goulart, do Partido Trabalhista Brasileiro (PTB), um herdeiro político de Vargas. Essas desconfianças quase impediram sua posse, que só foi garantida por uma intervenção militar liderada pelo general Henrique Teixeira Lott, que assegurou a legitimidade do processo eleitoral.

O governo Juscelino Kubitschek (JK), portanto, começou sob uma aura de instabilidade política, com parte da sociedade questionando sua liderança e a legitimidade de sua vitória eleitoral. Juscelino, no entanto, rapidamente adotou uma postura conciliatória, buscando construir pontes entre diferentes setores políticos e sociais, e orientou seu governo para um ambicioso projeto de desenvolvimento econômico.

O clímax do planejamento público brasileiro naquele período foi o Plano de Metas (Plame), que visava acelerar o desenvolvimento econômico com o lema "Cinquenta anos em cinco". Esse plano incluía 30 metas iniciais, posteriormente acrescidas da construção de Brasília como meta-síntese. As principais áreas enfocadas foram: energia, transporte, indústria, educação e saúde. A construção de Brasília simbolizou o desenvolvimento e a modernização do país, apesar dos desafios econômicos, como o aumento da dívida externa e a inflação (Kon, 1999a; Souza, 2004).

Se o Plano Salte representou a primeira tentativa coordenada de planejamento no Brasil, o Plano de Metas foi sua evolução, refletindo uma abordagem mais pragmática e abrangente de desenvolvimento econômico e industrial. Diferentemente do Salte, o Plame buscou evitar a desarticulação orçamentária e as falhas de implementação, enfatizando a coordenação centralizada e um foco em resultados tangíveis em curto e longo prazo.

Juscelino Kubitschek enfatizou a importância de conhecer o país de perto para realizar um planejamento eficaz:

> Os esforços despendidos nos primeiros quatro anos minaram-me as energias, a ponto de, pela primeira vez em minha vida, haver passado o dia 31 de dezembro em um leito de enfermo [distúrbio circulatório]. Não me limitara a governar de um gabinete, mas percorrera o território nacional em todas as direções, sentindo de perto as necessidades e as deficiências do país. Minhas viagens dentro do Brasil equivaliam, até então, a 75 voltas ao mundo (Couto, 2020, p. 152).

O Plano de Metas foi uma verdadeira disrupção no planejamento governamental do Brasil. Focando infraestrutura e industrialização, Kubitschek buscou superar os "pontos de estrangulamento" da economia brasileira. As principais metas incluíam a construção de usinas hidrelétricas, a expansão da malha rodoviária, o desenvolvimento da indústria automobilística e a melhoria dos índices de educação e saúde pública.

Estes eram os 30 objetivos principais, abrangendo diversos setores estratégicos:

1. Energia Elétrica;
2. Energia Nuclear;
3. Carvão Mineral;
4. Produção de Petróleo;
5. Refinação de Petróleo;
6. Ferrovias (Reaparelhamento);
7. Ferrovias (Construção);
8. Rodovias (Pavimentação);
9. Rodovias (Construção);
10. Portos e Dragagem;
11. Marinha Mercante;
12. Transporte Aeroviário;
13. Produção de Trigo;
14. Armazéns e Silos;
15. Armazéns Frigoríficos;
16. Matadouros Industriais;
17. Mecanização da Agricultura;
18. Fertilizantes;
19. Siderurgia;
20. Alumínio;
21. Metais Não Ferrosos;
22. Cimento;
23. Álcalis;
24. Papel e Celulose;
25. Borracha;
26. Exportação de Minérios de Ferro;
27. Indústria Automobilística;
28. Construção Naval;
29. Indústria de Material Elétrico Pesado e de Mecânica Pesada;
30. Formação de Pessoal Técnico.

O PODER DO PLANEJAMENTO
CONTEXTOS, REFLEXÕES E ESTRATÉGIAS PARA A EXCELÊNCIA NA GESTÃO PÚBLICA

Essas metas foram planejadas para serem executadas em diferentes fases: algumas previstas para conclusão até o fim do quinquênio de governo, enquanto outras se estenderiam até 1965. O financiamento do plano combinou recursos públicos e privados, envolvendo orçamento federal, estadual, financiamento de entidades públicas e recursos próprios de empresas privadas. A distribuição dos recursos era de 39,7% do orçamento federal, 10,4% do orçamento dos estados, 14,5% de financiamento de entidades públicas e 35,4% de recursos privados. Esse modelo de financiamento permitiu maior flexibilidade e mobilização de capital, tanto nacional quanto estrangeiro, para a realização das obras e dos projetos.

Um dos aspectos mais importantes do trabalho realizado está na técnica de planejamento dinâmico e progressivo adotada. O Plano de Metas não era um plano teórico elaborado sem contato com a realidade e que se escoa no tempo. Tratava-se de um plano em marcha, um esforço de coordenação das atividades de um grande número de entidades públicas e privadas, que executavam obras, edificavam empresas ou prestavam outros serviços à coletividade. Por isso, sofreu um processo permanente de aperfeiçoamento, tornando-se cada vez mais objetivo e realista (Lafer, 2002, p. 49).

A divulgação do Plame em 1956 não apresentou indicação das fontes de financiamento, o que adicionou uma camada de incerteza à sua implementação. No entanto, esse período também viu a criação da Comissão de Desenvolvimento Industrial e do Conselho de Desenvolvimento, o primeiro órgão central de planejamento de caráter permanente. Esses desenvolvimentos sublinham as complexidades e os desafios da implementação de planos de desenvolvimento econômico em um contexto político e institucional que frequentemente operava à margem da participação legislativa efetiva.

A importância da atividade coordenadora do Conselho do Desenvolvimento na elaboração das estruturas financeiras de cada projeto, de cada setor e do conjunto de metas, bem como no estudo de projetos de lei, de medidas administrativas e de providências burocráticas, foi fundamental para a realização das várias metas. Além disso, a coordenação de estudos e negociações para a obtenção de financiamento, no país e no exterior, realizada sob a direção do ministro da Fazenda (José Maria Alkmin e, posteriormente,

Lucas Lopes), contou com a colaboração direta de várias entidades, incluindo a presidência do Banco do Brasil e do Banco Nacional do Desenvolvimento Econômico (Lafer, 2002, p. 3; 65).

A fim de evitar os problemas enfrentados pelo Plano Salte, a execução do Plame foi concentrada em duas principais estruturas institucionais, que refletiam tendências emergentes na administração pública, conforme destaca Costa (2020, p. 147). A primeira dessas tendências foi a autarquização de órgãos da administração direta e a criação de novas entidades sob a forma autárquica ou de sociedades de economia mista, justificadas pela necessidade de maior flexibilidade administrativa. A segunda consistiu na criação de fundos específicos para a consecução de objetivos determinados, por meio da vinculação de receitas.

O Plano de Metas de Juscelino Kubitschek representou uma disrupção na história do Brasil ao romper com o modelo de desenvolvimento vigente e implementar uma agenda agressiva de modernização. Esse período marcou a transição do Brasil agrário para um país em processo de industrialização e urbanização, redefinindo seu papel na economia global. A visão de JK e a execução do Plano de Metas são lembradas como um exemplo de Planejamento Estratégico Governamental (PEG) que, apesar de suas imperfeições, conseguiu transformar profundamente a estrutura socioeconômica do país (Lafer, 2002, p. 183).

O impacto econômico e social do Plano de Metas de JK foi profundo, gerando um crescimento acelerado do PIB e a criação de uma infraestrutura robusta que sustentaria o desenvolvimento industrial nas décadas seguintes. As medidas implementadas promoveram a industrialização do país, reduziram a dependência de importações e criaram empregos, transformando significativamente o panorama econômico e social do Brasil (Lopes, 1991, p. 183).

Um ponto crítico sobre o Plame é que ele foi instituído sob a égide da Constituição de 1946 e implementado sem a devida participação legislativa. Sua execução foi centralizada em estruturas institucionais não incorporadas ao processo legislativo, utilizando-se de orçamentos paraestatais que não foram submetidos à apreciação do Congresso Nacional. Esse afastamento do debate político mais amplo, baseado predominantemente em conclusões técnicas elaboradas pela Comissão Mista Brasil-Estados Unidos e pelo Grupo Misto BNDE-Cepal, levantou preocupações sobre a legitimidade e representatividade do plano.

De acordo com Lafer (2003, p. 49), o projeto de JK, embora visionário, também trouxe alguns desafios, como o aumento da dívida externa e interna, a pressão inflacionária e a desigualdade regional. A concentração de investimentos em determinadas áreas geográficas e setores econômicos gerou disparidades que precisaram ser endereçadas em administrações subsequentes.

O Plame ilustra um dilema recorrente na administração pública: a busca pela eficiência e pela execução rápida de políticas pode, por vezes, entrar em conflito com os princípios da representatividade e da participação democrática. Mesmo com suas falhas, o Plano de Metas deixou um legado importante no contexto do desenvolvimento econômico brasileiro, mostrando que, apesar das críticas, medidas tecnocráticas podem ter impactos duradouros e positivos quando bem implementadas.

Roberto de Oliveira Campos, um dos formuladores do Programa de Metas, criticou duramente o governo de Juscelino: "JK era uma pilha de simpatia, mas o desenvolvimentismo dele acabou em bancarrota e o Brasil estava cambialmente insolvente quando Jânio tomou posse" (Couto, 2020, p. 155).

Kubitschek respondeu às críticas reconhecendo os desafios econômicos enfrentados, mas destacando a importância do desenvolvimento estrutural:

> Outros governos poderão empreender a revalorização da moeda, com os aplausos e o apoio de toda a nação. Mas não poderiam fazê-lo, de forma alguma, se encontrassem o país atado a uma situação colonial, sem estradas, sem energia, sem obras de base. Não fecho os olhos à realidade. Conheço e reconheço que é um trabalho imenso o que desafia os nossos administradores e homens públicos. Sei que o pauperismo continua a afligir-nos, a danificar-nos. Sei que não foram extintas as fontes do sofrimento e da miséria, mas, ao mesmo tempo em que me dou conta disso, dou-me conta também de que já não aceitamos um destino negativo. Se é verdade que certos brasileiros procuram

> defender ainda um ritmo meramente vegetativo para
> o progresso nacional, também existe um outro Brasil
> inconformado, combativo, pioneiro, inimigo do atraso,
> envergonhado com a posição secundária em que vivia
> (Oliveira, 1961, p. 470).

A resposta de Juscelino Kubitschek às críticas, destacando a necessidade de desenvolvimento estrutural, encapsula a essência de sua visão de planejamento moderno. Ele reconhece os desafios econômicos que seu governo enfrentou, mas argumenta que, sem as obras de infraestrutura e a industrialização promovidas pelo Plano de Metas, o Brasil permaneceria preso a um estado de subdesenvolvimento colonial. JK enfatiza que seu governo preparou o terreno para que futuros administradores pudessem empreender políticas de estabilização econômica, mostrando uma clara consciência da importância de se pensar em longo prazo.

Durante a segunda metade da década de 1950, a economia brasileira experimentou um crescimento intenso, especialmente no setor industrial. Entre 1957 e 1961, o Produto Real cresceu a uma taxa média anual de 8,3%. Nesse período, o setor agrícola expandiu-se em média 5,8% ao ano, enquanto o setor industrial registrou um crescimento anual médio de 10,8%. Esses dados demonstram uma mudança significativa na economia brasileira, que até 1955 tinha uma produção agrícola superior à industrial.

Não por acaso o governo de Juscelino Kubitschek é frequentemente considerado um dos períodos mais marcantes da história política e econômica do Brasil, particularmente no contexto da experiência democrática pós-Estado Novo. JK é visto como uma liderança que foi capaz de conciliar tensões sociais e políticas. Sob sua administração, o Brasil vivenciou um salto significativo no desenvolvimento econômico, impulsionado pela política do "desenvolvimentismo" e pela industrialização, o que lhe conferiu uma reputação quase heroica na narrativa histórica nacional.

> O governo JK (1956-1961) foi, de longe, o mais bem sucedido da experiência democrática. A administração Dutra, por exemplo, gozou de estabilidade política, mas, comparada à de JK, foi bem menos expressiva no campo do desenvolvimento econômico. [...] De um

> ponto de vista panorâmico, o governo JK foi quase uma "proeza". A partir de um quadro social e político tenso e com interesses bastante divergentes, conciliou o processo democrático e a intensificação do desenvolvimento de tipo capitalista (Moreira, 2003, p. 158).

Nesse contexto, o governo de Juscelino Kubitschek e seu Plano de Metas se destacam como um verdadeiro marco que preparou o Brasil para um futuro mais moderno e industrializado. As metas claras e ambiciosas de JK, sua visão de futuro e a formação de uma equipe competente, plural e comprometida transformaram a infraestrutura e a economia brasileira, pavimentando o caminho para o desenvolvimento nas décadas subsequentes. O legado deixado pelo mineiro destaca a importância do planejamento estratégico e da visão de longo prazo na administração pública. Até hoje, a ousadia e a determinação do diamantinense servem de inspiração para aqueles que se dedicam à gestão pública em sua interface transformadora.

No entanto, apesar do sucesso do Plano de Metas e da popularidade de seu governo, Juscelino não conseguiu traduzir esses êxitos em continuidade política. Seu candidato à sucessão, o marechal Henrique Teixeira Lott, foi derrotado por Jânio Quadros nas eleições de 1960. A vitória de Jânio, que obteve aproximadamente 48% dos votos válidos ante 33% de Lott e 19% de Ademar de Barros, era um reflexo claro do descontentamento de parte significativa da sociedade brasileira com a inflação e os problemas econômicos que persistiam, apesar do desenvolvimento estrutural promovido por JK.

Contudo, o governo de Jânio Quadros foi breve. Após apenas sete meses no cargo, ele renunciou de forma inesperada e atabalhoada em agosto de 1961, alegando pressões políticas, o que desencadeou uma grave crise institucional. Devido à curta duração de sua gestão, não será dado enfoque a esse governo no presente capítulo. O foco recairá diretamente sobre o governo de João Goulart, que assumiu em meio a essa turbulência e enfrentou grandes desafios econômicos e sociais.

JOÃO GOULART: MINISTÉRIO DO PLANEJAMENTO E PLANO TRIENAL (1961-1964)

Em 1962, durante o governo João Goulart, foi criado o Ministério do Planejamento (MPlan) com o objetivo de estruturar um plano de desenvolvimento para o Brasil. Celso Furtado foi nomeado o primeiro e único ministro do Planejamento desse período. Em uma solenidade no Palácio do Planalto, Goulart destacou a importância de um plano de desenvolvimento nacional que realizasse modificações estruturais na economia brasileira, ressaltando que, sem planejamento, o país estaria condenado ao agravamento dos antagonismos sociais. Assim surgiu o Plano Trienal de Desenvolvimento Econômico e Social 1963-1965.

O Brasil vivia um momento de intensa polarização política e a criação desse ministério foi uma resposta à necessidade de um planejamento centralizado e coordenado. Celso Furtado, já considerado um renomado economista, trouxe sua experiência prática de planejamento na Superintendência de Desenvolvimento do Nordeste (Sudene) e teórica de quase dez anos na Comissão Econômica para a América Latina e o Caribe. A estrutura do ministério foi concebida para coordenar atividades de planejamento em diversos setores, como saúde, educação, transportes, recursos naturais e energia. Foram criados comitês interministeriais consultivos abrangendo planejamento global, setorial, social, regional e a coordenação de programas de ajuda exterior.

O Plano Trienal representou o primeiro instrumento efetivo de política econômica global no Brasil, superando em complexidade e sofisticação todos os planos anteriores. Conforme destacado por Octavio Ianni,

> [...] em comparação com os planos, programas, comissões, institutos, departamentos e superintendências criados nos governos anteriores, o Plano Trienal correspondeu a uma fase mais avançada de elaboração conceptual e analítica (Ianni, 1970, p. 205).

Fábio Konder Comparato complementa que "uma verdadeira planificação nacional só tem início com a elaboração, sob regime parlamentar, de um plano trienal de desenvolvimento"(Comparato, 2015, p. 466).

Esse plano marcou a primeira vez em que o poder público brasileiro formulou um diagnóstico abrangente e detalhado das condições e fatores responsáveis pelos desequilíbrios e estrangulamentos econômicos, bem como das possibilidades de desenvolvimento econômico do país. Nessa perspectiva, o Plano Trienal simbolizava a convergência das experiências práticas dos governos anteriores com os debates técnicos e teóricos conduzidos por economistas brasileiros, particularmente aqueles ligados à Cepal.

O Plano Trienal tinha metas ambiciosas: uma taxa anual de crescimento de 7%, elevação da renda per capita de U$ 323 em 1962 para U$ 363 em 1965 e a redução progressiva da inflação de 50% anuais para 25% em 1963 e 10% em 1965. Furtado adotou uma abordagem gradualista para combater a inflação, contrastando com a ortodoxia monetarista do Fundo Monetário Internacional(FMI), que defendia políticas recessivas. A estratégia envolvia aumentar o nível de vida das camadas de renda mais baixa, reformar estruturas ultrapassadas, especialmente na agricultura, e fortalecer o investimento em educação para eliminar o analfabetismo. Sua implementação enfrentou desafios políticos e econômicos. Grupos conservadores acusavam o plano de ser socialista e potencialmente ditatorial, enquanto setores da esquerda o consideravam insuficiente para as reformas estruturais necessárias. Além disso, a falta de harmonia entre o Legislativo e o Executivo e a descoordenação das autoridades monetárias e fiscais dificultaram a execução do plano. A própria ideia de criação do Ministério do Planejamento gerou oposição, com críticos temendo a formação de um superministério ditatorial.

Em meio a esse cenário de tensão, o governo Goulart reintroduziu subsídios e concedeu aumentos salariais superiores aos acordados com o FMI, comprometendo as metas de estabilização do plano. Em junho de 1963, Celso Furtado foi exonerado e o Ministério do Planejamento extinto, sendo substituído por um escritório de coordenação adjunto à Presidência.

Apesar de sua curta duração, o Plano Trienal representou um esforço pioneiro de planejamento integrado no Brasil, com o objetivo de alinhar desenvolvimento econômico e justiça social. Embora não tenha sido plenamente implementado, o plano deixou um legado importante na história do planejamento econômico brasileiro, evidenciando a complexidade de conciliar objetivos econômicos e sociais em um ambiente político polarizado.

PLANEJAMENTO DURANTE O REGIME MILITAR (1964-1985)

Como premissa, é importante ressaltar que o enfoque deste livro não é analisar o caráter antidemocrático do regime militar brasileiro, embora seja inegável que suas implicações para a democracia foram lamentáveis e amplamente reconhecidas. O objetivo central é examinar o planejamento público realizado durante o período militar, com uma abordagem técnica e analítica direcionada especificamente às estratégias de desenvolvimento e gestão adotadas. Não se trata de uma análise política dos governos militares em si, mas de uma investigação sobre como o planejamento foi estruturado e implementado, incluindo seus avanços, seus retrocessos e as lições que podem ser extraídas para a compreensão e aperfeiçoamento das políticas públicas no Brasil. Dessa forma, evitam-se discussões ideológicas ou partidárias, mantendo o foco exclusivamente no aspecto técnico do planejamento público realizado durante esse período histórico.

O planejamento público no Brasil, especialmente durante o regime militar (1964-1985), assumiu uma dimensão central na formulação de políticas econômicas e sociais, sendo utilizado como ferramenta de intervenção estatal e controle social. Esse período marcou a consolidação do planejamento governamental como estratégia dominante para o desenvolvimento econômico do país, com destaque para a formulação e implementação de planos abrangentes e intervencionistas, que buscavam estabilizar a economia e promover o crescimento.

O ciclo de governos militares teve início com a ascensão do marechal Humberto de Alencar Castello Branco à presidência. Sob sua liderança, foi implementado o Plano de Ação Econômica do Governo (Paeg) para o período de 1964-1966, considerado um dos mais intervencionistas desde os anos 1930. O Paeg tinha como principais objetivos o combate à inflação, a aceleração do crescimento econômico, a atenuação das desigualdades regionais e setoriais, além da promoção de investimentos e da criação de empregos (Martone, 1987).

Uma característica marcante do Paeg foi o controle rigoroso sobre as variáveis políticas, essencial para a execução de uma política econômica planificada (Ianni, 1986a). Além disso, o plano buscava integrar de forma coerente as políticas econômicas, promovendo uma sincronia entre as pastas do Planejamento e da Fazenda. A ampla reforma da Administração Pública Federal representou outro aspecto relevante, visando a uma maior eficiência na articulação dos objetivos macroeconômicos e na execução das metas governamentais (Souza, 1984b). Entretanto, apesar de seus avanços, o Paeg também apresentou limitações. A inconsistência dos dados estatísticos, a falha na descentralização administrativa e a instabilidade gerada pela constante mudança de técnicos foram fatores que prejudicaram sua eficiência. Essas dificuldades evidenciam as fragilidades institucionais enfrentadas pelo planejamento no Brasil durante o regime militar (Souza, 1984b).

Com a publicação da Constituição de 1967, o planejamento público no Brasil foi profundamente impactado. A nova Constituição retirou prerrogativas do Legislativo, conferindo ao Executivo um controle quase absoluto sobre o processo de formulação e execução orçamentária. O art. 67, em particular, vedava ao Legislativo a deliberação sobre emendas que implicassem aumentos de despesa global ou alterassem a natureza e o objetivo dos projetos apresentados. Isso consolidou o papel do Legislativo como mero homologador dos projetos oriundos do Executivo, centralizando ainda mais o poder nas mãos do governo militar (Macedo, 1987).

Em 1967, com o governo do marechal Costa e Silva, foi lançado o Plano Estratégico de Desenvolvimento (PED) para o período de 1968-1970, que se concentrava no combate à inflação e na retomada do crescimento econômico. O PED refletia uma tentativa de corrigir distorções econômicas herdadas, promovendo a modernização da infraestrutura e o fortalecimento do mercado interno. Esse plano consolidou o modelo de planejamento governamental caracterizado por uma maior consistência analítica e metas de médio prazo (Alves; Sayad, 1987).

A década de 1970 foi marcada pela formulação e implementação dos Planos Nacionais de Desenvolvimento (PNDs), que vigoraram até meados da década de 1980. Esses planos foram centrais na estratégia de crescimento e modernização do país, sendo sustentados pela ideologia de segurança nacional e pela busca de transformar o Brasil em uma potência econômica e militar até o fim do século XX (Gremaud; Pires, 1999; Kon, 1999a). O I PND (1972-1974) priorizou a expansão da infraestrutura e o crescimento econômico, aproveitando o cenário de crescimento acelerado conhecido como "milagre econômico". O plano visava aumentar significativamente o PIB e consolidar a infraestrutura necessária para sustentar o desenvolvimento econômico (Martins, 1985).

Entretanto, o I PND também coincidiu com um endurecimento político significativo, simbolizado pelo Ato Institucional nº 5 (AI-5), que restringiu as liberdades civis e ampliou os poderes do Executivo, configurando uma intervenção direta do regime militar na sociedade (Gremaud; Pires, 1999). O II PND (1975-1979) foi formulado em resposta à crise do petróleo e ao rompimento das regras de Bretton Woods, tendo como foco a substituição de importações, o fortalecimento da economia nacional e a integração com a economia mundial. Este plano também priorizou a modernização da matriz industrial e a expansão das fronteiras agrícolas, contribuindo para o desenvolvimento regional e o combate à pobreza (Souza, 2004b).

O III PND (1980-1985) foi elaborado em um cenário de crises econômicas globais e pressões inflacionárias intensas, que afetaram profundamente a economia brasileira. O plano buscou priorizar o setor agrícola e a produção de energia, além de tentar estabilizar as finanças públicas e retomar o crescimento econômico. No entanto, a recessão e os elevados índices de inflação comprometeram a eficácia das políticas implementadas, resultando em um agravamento da exclusão social e das tensões econômicas no país (Gremaud; Pires, 1999).

Em suma, o período dos governos militares no Brasil foi marcado por uma intensa atividade de planejamento governamental, que, embora tenha promovido avanços significativos na modernização econômica do país, também apresentou importantes limitações. Esses planos, além de funcionarem como instrumentos de controle

REDEMOCRATIZAÇÃO E CONSTITUIÇÃO FEDERAL
(PÓS-1985)

Com a redemocratização a partir de 1985 e sob a égide da Constituição Federal de 1988, o planejamento governamental no Brasil passou por transformações significativas. A CF/88 introduziu inovações importantes, devolvendo ao Legislativo a prerrogativa de propor emendas sobre as despesas e reforçando a associação entre planejamento e orçamento como componentes interligados de um sistema integrado de gestão financeira. Esses elementos normativos revelaram-se essenciais para assegurar a continuidade das políticas públicas e o atendimento das demandas sociais.

O planejamento é mencionado em diversos dispositivos da Constituição Federal, o que evidencia sua importância e abrangência no ordenamento jurídico brasileiro. Conforme aponta Veloso (2011), a Constituição faz referência ao planejamento em 99 ocasiões, por meio de termos como "plano", "planejamento" e "programa", demonstrando sua presença em aproximadamente 16% do texto constitucional. No entanto, apesar de sua relevância explícita, a complexidade do instituto e a falta de uma compreensão holística sobre seu papel geram desafios práticos para gestores públicos.

Como bem ressalta Carvalho Filho (2008 *apud* Veloso, 2011), a efetivação de muitos direitos sociais depende diretamente de um planejamento adequado. Embora alguns considerem que certos pedidos sejam juridicamente inviáveis, é justamente por meio do planejamento que se pode concretizar, de maneira mais eficiente, os direitos sociais previstos constitucionalmente. Veloso (2011) observa que a Constituição atribui ao planejamento uma natureza jurídica composta por princípios e regras, como no art. 174, que estabelece o planejamento como um mandado de otimização, e nos arts. 165 e 166, que o tratam como uma regra a ser cumprida por meio do Plano Plurianual e das leis orçamentárias. Portanto, o planejamento não é meramente uma questão técnica, mas uma exigência constitucional que visa garantir a realização efetiva das políticas públicas, contribuindo para a construção de uma sociedade mais justa e equitativa.

A Constituição Federal de 1988 estabeleceu três instrumentos principais para o planejamento financeiro: o Plano Plurianual(PPA), a Lei de Diretrizes Orçamentárias(LDO) e a Lei Orçamentária Anual (LOA). Esses instrumentos, embora distintos em seus propósitos e prazos, formam um encadeamento lógico e temporal, com o objetivo de garantir uma gestão orçamentária coesa e orientada para o longo prazo.

O PPA estabelece as diretrizes, os objetivos e as metas para um período de quatro anos, funcionando como um guia estratégico para a administração pública. A LDO, por sua vez, orienta a elaboração da LOA, definindo as prioridades e metas da administração para o exercício financeiro subsequente, conectando as diretrizes de longo prazo do PPA às necessidades e às possibilidades orçamentárias anuais. Já a LOA detalha a previsão de receitas e a fixação de despesas para o ano, operacionalizando as diretrizes estabelecidas pelo PPA e priorizadas pela LDO.

A prática revela, entretanto, que a disputa política em torno da execução das despesas de curto prazo muitas vezes compromete a eficácia desse planejamento interligado. A alocação de recursos, influenciada por interesses políticos imediatos, pode distorcer as prioridades estabelecidas pelo PPA e pela LDO, transformando o planejamento plurianual em uma formalidade burocrática(Mendes, 2008). Enquanto o foco permanecer nas disputas imediatistas, o planejamento plurianual não alcançará sua plena potencialidade. A legislação também determina que questões como exercício financeiro, prazos, vigência, elaboração e organização dos orçamentos sejam disciplinadas por lei complementar, um tema ainda em debate no Congresso Nacional. Isso reflete a complexidade e a dificuldade em estabelecer um consenso político sobre as normas de gestão financeira do Estado. A falta de uma lei complementar consolidada contribui para a fragilidade na execução de um planejamento coeso e eficaz.

O princípio da unidade e universalidade orçamentária, outro ponto crucial introduzido pela CF/88, busca garantir uma visão integrada das finanças públicas. A composição do orçamento anual, que inclui o orçamento fiscal, da seguridade social e de investimentos das estatais, pretende assegurar que todas as receitas e despesas públicas sejam consideradas de forma unificada. Este modelo segue o princípio da totalidade, promovendo uma gestão financeira mais transparente e abrangente. Dessa forma, a CF/88 estruturou um sistema de planejamento estatal que promove a eficiência, a transparência e o controle na gestão pública, legitimando as ações do governo e assegurando a implementação das políticas públicas de forma integrada e coerente, visando ao desenvolvimento sustentável e à redução das desigualdades regionais.

No entanto, apesar desse arcabouço jurídico, a implementação prática do planejamento por meio das leis orçamentárias enfrenta desafios significativos. A incipiente estrutura de planejamento, cuidadosamente desmontada nos últimos anos, demonstra a dificuldade de se alcançar um processo verdadeiramente racional e democrático de decisão sobre o gasto público. A relação do PPA com os demais planos previstos na Constituição, como os regionais e setoriais, ainda é pouco clara, gerando incompatibilidades. Além disso, ao incluir despesas de capital e outras decorrentes, o PPA envolve ações que podem ser confundidas com toda a despesa pública, sendo suas dotações autorizativas e não vinculativas, o que compromete sua missão principal (Biasoto Junior, 1995).

A tendência observada é a redução do plano ao orçamento, com o PPA traduzido em simples previsão de gastos, sem garantia de efetividade. A natureza jurídica atribuída ao planejamento foi desrespeitada, o que despojou o PPA de sua eficácia, tornando-o uma mera formalidade burocrática. Exemplos como o "Plano Brasil em Ação", do governo Fernando Henrique Cardoso, e os PPAs dos governos de Luiz Inácio Lula da Silva e Dilma Rousseff refletem essa realidade (Bercovici, 2005). A Lei n.º 10.180/2001, que organiza e disciplina os Sistemas de Planejamento e de Orçamento Federal, privilegia o processo orçamentário em detrimento do planejamento, tratando este último apenas como uma maneira de incorporar metas e diretrizes nas leis orçamentárias. A Lei de Responsabilidade Fiscal (LRF), por sua vez, impõe o princípio de equilíbrio orçamentário, excluindo o orçamento da deliberação pública e subordinando-o a metas de política monetária alinhadas aos interesses econômicos privados (Bresser-Pereira; Paulani, 2007).

A adoção da ortodoxia neoliberal no Brasil, a partir dos anos 1990, reforçou a primazia do equilíbrio fiscal sobre o desenvolvimento econômico, transformando o planejamento estatal em um exercício voltado a atender ao mercado financeiro, conforme mencionado pelo próprio professor Paulo R. Haddad no prefácio deste livro. Esse movimento restringiu o papel do Estado na promoção do desenvolvimento, subjugando a gestão econômica às exigências do capital financeiro internacional (Cardoso Junior.; Santos, 2015). Dessa forma, o sistema de planejamento estatal concebido pela CF/88 enfrenta desafios contínuos para assegurar a efetiva implementação de políticas públicas voltadas ao desenvolvimento sustentável e à redução das desigualdades regionais.

Perpassar a trajetória do planejamento governamental no Brasil é fundamental para compreender a complexidade sociopolítica do país e a evolução da administração pública. Desde os primeiros esforços de sistematização no fim do século XIX até as práticas participativas contemporâneas, o planejamento tem sido uma ferramenta indispensável para o desenvolvimento nacional. O Orçamento Participativo (OP), implementado em várias cidades brasileiras, exemplifica como a participação popular pode aprimorar a eficiência e a legitimidade das decisões orçamentárias ao refletir as reais necessidades e prioridades da população (Souza, 2004b).

Quadro 1 – A evolução do planejamento público no Brasil

PERÍODO	INICIATIVAS/PLANOS PRINCIPAIS	CARACTERÍSTICAS PRINCIPAIS	IMPACTOS E DESAFIOS
1830-1890	Decreto Legislativo de 15 de dezembro de 1830, Código de Contabilidade da União (1922).	Orçamento proforma. Controle de finanças públicas, sem planejamento administrativo.	Instrumento político de controle, não considerado um verdadeiro planejamento público. Formalização dos procedimentos orçamentários e contábeis.
1890-1930	Plano de Viação. Plano de Recuperação Econômico-Financeira.	Raízes do planejamento governamental na República Velha. Foco inicial na sistematização das contas públicas.	Início da institucionalização do planejamento. Limitado pela falta de continuidade e desarticulação entre orçamento e planejamento.
Era Vargas e Estado Novo (1930-1945)	Plano Especial de Obras Públicas e Aparelhamento da Defesa Nacional. Plano de Obras e Equipamentos.	Implementação dos princípios da administração burocrática weberiana. Criação do Departamento Administrativo do Serviço Público (Racionalização administrativa). Industrialização e intervenção estatal. Criação de Estatais (CSN, Vale do Rio Doce, Chesf).	Foco na infraestrutura e defesa, mas sem considerar condições financeiras.
Governos Dutra e Vargas II (1946-1954)	Plano Salte. Plano Nacional de Reaparelhamento Econômico (Plano Lafer).	Tentativas coordenadas de planejamento. Criação de agências de fomento e empresas estatais (BNDE, Petrobras e Eletrobras).	Problemas de financiamento e desarticulação administrativa. Início da implementação de políticas de industrialização e infraestrutura.

PERÍODO	INICIATIVAS/PLANOS PRINCIPAIS	CARACTERÍSTICAS PRINCIPAIS	IMPACTOS E DESAFIOS
JK: Cinquenta Anos em Cinco (1956-1961)	Plame.	Desenvolvimento acelerado com foco em energia, transporte, educação, indústria de base (substituição de importações). Construção de Brasília, criação da Comissão de Desenvolvimento Industrial e Conselho de Desenvolvimento.	Modernização e desenvolvimento do país. Aumento da dívida externa e inflação. Execução centralizada e tecnocrática, com críticas sobre falta de participação legislativa.
Governo João Goulart (1961-1964)	Plano Trienal de Desenvolvimento Econômico e Social.	Criação do Ministério do Planejamento e do Plano Trienal. Abordagem integrada para o desenvolvimento econômico e social. Reformas de Base.	Enfrentou oposição política, descoordenação entre Executivo e Legislativo, e dificuldades econômicas. Representou um esforço pioneiro de planejamento integrado.
Regime Militar (1964-1985)	I PND, II PND, III PND.	Planos Nacionais de Desenvolvimento com foco na infraestrutura, setores estratégicos e controle da inflação.	Crescimento econômico inicial, amplamente financiado pelo aumento da dívida externa. Maior centralização e autoritarismo na implementação dos planos.
Pós-1985 (CF/88)	Orçamento Participativo, Plano Plurianual, Lei de Diretrizes Orçamentárias, Lei Orçamentária Anual.	Planejamento governamental com mecanismos de participação popular e inovações trazidas pela CF/88.	Maior transparência e participação democrática. Avanços e desafios no planejamento integrado. Disputa política pode comprometer a eficácia do planejamento.

Fonte: elaborado pelo autor

EM SÍNTESE

O estudo da evolução do planejamento público no Brasil revela como essa prática se transformou de um simples mecanismo de controle financeiro para um instrumento essencial de desenvolvimento socioeconômico. Desde o Decreto Legislativo de 1830 até os avanços contemporâneos pós-Constituição de 1988, cada fase histórica trouxe novos desafios e inovações que moldaram a administração pública brasileira, criando uma base fundamental para o desenvolvimento nacional.

Inicialmente, o orçamento público servia apenas como um controle das receitas e despesas, sem uma concepção clara de planejamento. Contudo, com o passar do tempo, a necessidade de um planejamento mais estruturado e focado no desenvolvimento econômico tornou-se evidente. A Era Vargas introduziu a ideia de um Estado intervencionista, utilizando o planejamento como ferramenta para a industrialização. Já o governo de Juscelino Kubitschek, com o Plano de Metas, adotou uma abordagem integrada e ambiciosa, com foco na modernização e industrialização acelerada do Brasil. Este período destacou a importância de uma ação coordenada entre Estado e iniciativa privada, embora tenha enfrentado problemas como o aumento da dívida externa e a inflação.

A Constituição Federal de 1988 representou um marco ao institucionalizar instrumentos como o Plano Plurianual, a Lei de Diretrizes Orçamentárias e a Lei Orçamentária Anual, que visam garantir uma gestão orçamentária coesa e de longo prazo. Esses instrumentos promoveram maior transparência, participação democrática e uma visão estratégica ao planejamento estatal. No entanto, conforme apontado pelo professor Paulo Haddad no prefácio deste livro, apesar de termos um arcabouço institucional robusto, o Estado brasileiro parece, atualmente, estar abdicando de seu papel planejador, cedendo espaço aos interesses de mercado, em uma ambiência neoliberal que restringe o papel do planejamento público. O cenário internacional e as pressões econômicas globais também têm contribuído para essa mudança de enfoque, tornando o ambiente de planejamento mais complexo e, muitas vezes, volátil.

O princípio da unidade e universalidade orçamentária introduzido pela CF/88 busca promover uma gestão financeira mais transparente e abrangente, mas enfrenta desafios significativos devido à fragilidade da estrutura de planejamento e à tendência de reduzir o plano ao orçamento, despojando-o de sua efetividade. A crítica ao modelo atual reside justamente na dissociação entre as metas estratégicas e a prática orçamentária moldada, muitas vezes, por interesses políticos de curto prazo.

Em suma, a trajetória do planejamento público no Brasil evidencia a complexidade de conciliar objetivos econômicos e sociais em um ambiente político polarizado, mas também reforça a importância de um compromisso contínuo com o planejamento estratégico e com a transparência. A visão de longo prazo, aliada à participação democrática e a uma atuação proativa do Estado, é essencial para promover um desenvolvimento mais sustentável, equitativo e inclusivo, capaz de enfrentar as desigualdades regionais e os desafios impostos por um mercado cada vez mais globalizado.

3
DIAGNÓSTICO: A PREMISSA DE UM PLANEJAMENTO EFETIVO

Gestão pública sem planejamento superior que a envolva, por mais que possa estruturar "modos de fazer" que consigam racionalizar procedimentos básicos do Estado e, com isso, obter resultados em certa medida mais eficientes para o conjunto da ação estatal, dificilmente conseguirá - apenas com isso - promover mudanças profundas em termos da eficácia e da efetividade das políticas públicas em seu conjunto.
(Cardoso Junior, 2011, p. 12).

Imagine um médico tentando tratar um paciente sem antes diagnosticar corretamente a doença. A prescrição de qualquer tratamento sem esse diagnóstico prévio seria, no mínimo, irresponsável, talvez até fatal. No contexto do planejamento, especialmente na gestão pública, o diagnóstico é uma etapa absolutamente indispensável: o exame minucioso que revela o verdadeiro estado da situação antes que qualquer ação seja tomada. Sem essa etapa, o planejamento não passa de um mero exercício de adivinhação ou voluntarismo, destinado ao fracasso.

Na gestão pública municipal, essa questão se torna ainda mais crítica. As cidades enfrentam uma complexidade única, e as decisões afetam diretamente a vida de milhares, se não milhões, de pessoas. A ausência de uma cultura de planejamento consolidada é um desafio persistente na maioria das administrações locais. Muitas vezes, as peças orçamentárias — visto que o próprio planejamento estratégico é uma exceção — são construídas sobre diagnósticos majoritariamente frágeis ou até mesmo inexistentes, resultando em ações que ignoram as realidades locais e, consequentemente, falham em entregar o que é necessário.

Este capítulo busca explorar o diagnóstico como a pedra angular de um planejamento público eficiente e estratégico. Sem um diagnóstico bem estruturado, qualquer tentativa de planejar tropeça na falta de informação precisa, resultando em políticas públicas ineficazes. Por meio de uma análise crítica, o texto examina como os planos de governo municipais, que deveriam servir de base para um planejamento mais amplo, frequentemente falham em fornecer diagnósticos adequados, o que compromete o desenvolvimento de ações efetivas.

Além disso, destaca-se a importância de um diagnóstico realizado no início da transição governamental, essencial para preparar o terreno para um mandato eficaz. Uma administração que inicia seu ciclo sem um claro entendimento da realidade que irá gerir assemelha-se a um médico que prescreve medicamentos sem saber o que está tratando. O diagnóstico precoce, portanto, é fundamental para evitar surpresas desagradáveis e antecipar problemas que poderiam comprometer a gestão.

Por fim, será apresentada a importância de uma abordagem metodológica rigorosa e multidisciplinar. O uso de técnicas adequadas e de uma metodologia abrangente permite que o diagnóstico vá além de um simples retrato estático, transformando-se em uma ferramenta que proporciona uma visão aprofundada e crítica do estado atual das finanças, dos recursos humanos, do patrimônio e de outras áreas fundamentais da gestão pública. Um *checklist* prático também será introduzido como ferramenta para assegurar que os principais aspectos do diagnóstico sejam cobertos de maneira abrangente, fornecendo à administração uma base sólida sobre a qual construir um planejamento eficaz.

O verdadeiro poder do planejamento estratégico reside em sua fundação: um diagnóstico preciso e realista. Sem ele, o risco de fracasso é iminente e as consequências para a administração pública são, muitas vezes, irreversíveis.

A FRAGILIDADE DOS PLANOS DE GOVERNO MUNICIPAIS COMO FERRAMENTAS DE DIAGNÓSTICO

Após as vitórias eleitorais, é comum que a equipe de planejamento estratégico da prefeitura utilize exclusivamente o plano de governo como base para elaborar o planejamento dos próximos quatro anos, abrangendo PPA, LDO e LOA. No entanto, essa prática representa um erro grave. Ao longo deste capítulo, estamos nos referindo principalmente às realidades municipais, tanto pela experiência acumulada do autor com mais de 20 anos dedicados à gestão pública municipal quanto pela constatação de que é nos municípios em que mais se percebem os efeitos de um planejamento bem estruturado — ou, em muitos casos, a ausência de uma cultura de planejamento eficiente no setor público.

O plano de governo, exigido legalmente nas campanhas eleitorais desde 2009, passou a integrar a lista de documentos obrigatórios que os candidatos devem apresentar ao Tribunal Superior Eleitoral (TSE), com a prestação de contas da campanha. Essa exigência está prevista na Lei 9.504/97, que regulamenta o processo eleitoral, e condiciona a participação do candidato no pleito à entrega desse documento. No entanto, a legislação não estabelece critérios específicos quanto a forma, estrutura ou conteúdo do plano de governo, resultando em grande variação entre os documentos apresentados pelos diferentes candidatos, tanto em termos de profundidade quanto de detalhamento.

Essa diversidade é visível nos exemplos das eleições municipais. Nas eleições de 2020, na maior cidade do país, São Paulo, a candidata Vera Lúcia, do PSTU, apresentou um plano de governo com apenas cinco páginas. Por outro lado, Guilherme Boulos, do Psol, entregou um documento muito mais detalhado, com quase 230 páginas. Já Bruno Covas, do PSDB, reeleito naquele pleito, submeteu ao TSE um documento intitulado "Diretrizes do Plano de Governo", que não trazia metas e objetivos claros, mas delineava princípios norteadores e a visão de cidade do prefeito, revelando um nível de planejamento mais estratégico.

Em Belo Horizonte, Alexandre Kalil (PSD), também reeleito em 2020, apresentou ao TSE um plano bastante detalhado, com mais de cem páginas, enquanto o segundo colocado, deputado estadual Bruno Engler(PRTB), submeteu uma proposta de governo de apenas sete páginas, sem detalhamento dos objetivos e metas. Kalil foi reeleito com quase 64% dos votos, enquanto Engler obteve menos de 10%. João Vítor Xavier (Cidadania), que ficou em terceiro lugar com 9,22% dos votos, apresentou um plano de governo de quase 40 páginas, com objetivos genéricos, mas com linhas de ação mais claras que as do segundo colocado. No entanto, não se pode afirmar que a quantidade de páginas ou o detalhamento do plano de governo tenham influenciado diretamente o número de votos que cada candidato recebeu.

Esses exemplos ilustram a ausência de uma padronização legal no formato e conteúdo dos planos de governo, revelando como diferentes candidatos, partidos e grupos políticos lidam de maneira diversificada com essa exigência eleitoral. Nos níveis estadual e presidencial, as diferenças em relação aos planos municipais tornam-se ainda mais evidentes. Esses planos tendem a ser mais extensos e detalhados, não apenas por razões técnicas, mas também devido à maior visibilidade e pressão pública que cercam tais eleições. O escrutínio da mídia e a fiscalização pública sobre as propostas dos candidatos são significativamente mais intensos, o que demanda que os planos sejam minuciosos e abrangentes, abordando uma ampla gama de questões de interesse nacional ou estadual.

Apesar de serem mais elaborados, esses planos também não costumam oferecer necessariamente soluções definitivas e completas. Assim como nos municípios, eles precisam ser acompanhados por diagnósticos bem fundamentados para que as estratégias possam ser ajustadas à realidade concreta que o novo governo enfrentará. Durante o período de transição governamental, é comum que as equipes presidenciais realizem estudos aprofundados para mapear as condições do país e adaptar o futuro plano estratégico às necessidades reais e imediatas, de modo a garantir que as propostas se transformem em ações eficazes e viáveis. A pergunta é: por que não o fazem antes?

A realidade é que, como a legislação eleitoral não impõe a obrigatoriedade de propostas concretas nos planos de governo, é extremamente comum, na maioria dos municípios brasileiros, o uso de declarações genéricas, como "aumentar o número de vagas em creches" ou "melhorar a malha viária da cidade". Essa flexibilidade permite aos candidatos uma margem de interpretação muito ampla, o que dificulta a análise crítica das propostas pelo eleitorado e o exercício do controle social.

Como se pode depreender, embora seja exigido por lei, a verdade é que a maioria dos candidatos não aprofunda a elaboração do plano de governo durante o período eleitoral, nem forma equipes multidisciplinares competentes para estruturá-lo com a devida qualidade. Na maior parte dos casos, os documentos apresentados são superficiais e têm como principal objetivo conquistar eleitores e garantir a vitória nas urnas. Embora existam exceções, em cidades pequenas e médias — que representam cerca de 80% dos municípios brasileiros — é mais do que comum encontrar planos de governo sem uma metodologia adequada, embasados em dados pouco consistentes e sem diagnósticos realistas.

E é aí que reside o problema. Quando as equipes de planejamento estratégico, após as vitórias eleitorais, se debruçam sobre esses planos superficiais, elaborados apenas para cumprir a determinação da legislação eleitoral, a probabilidade de produzirem planejamentos igualmente rasos e de difícil execução torna-se extremamente alta.

Em minha experiência como prefeito e secretário de Planejamento, sempre me atentei aos *benchmarks*. Notei que a maioria das equipes de planejamento, sejam consultorias independentes, sejam assessores diretos, parte do mesmo ponto de origem: os planos de governo que venceram as eleições. Contudo, ao questionar a população sobre quanto o plano de governo influenciou sua decisão de voto, a maioria indica que esse aspecto não foi determinante. De fato, o plano de governo acaba se tornando apenas um documento proforma, sem determinar a escolha do eleitor. Nessa perspectiva, utilizar um plano de governo eleitoral como ponto de partida para elaborar um planejamento estratégico de quatro anos para o município é, sem dúvida, um risco considerável.

É importante destacar que essa crítica não se aplica de maneira generalizada. A democracia brasileira, ao longo dos anos, tem mostrado sinais de aperfeiçoamento, e os planos de governo têm melhorado significativamente. Nas eleições de 2024, por exemplo, observa-se uma evolução com planos mais robustos e impactantes. Contudo, como este livro foi escrito durante o processo eleitoral de 2024, ainda não é possível realizar uma análise mais refinada desses novos planos. Essa reflexão, sem dúvida, será importante para futuros estudos e discussões sobre o tema.

Na prática, observa-se que metodologias que se limitam ao uso exclusivo do plano de governo como base para o planejamento estratégico são insuficientes e, muitas vezes, equivocadas. Algumas consultorias adotam essa abordagem por considerá-la mais rápida e simplificada, mas isso resulta em uma visão superficial e desconectada da realidade administrativa. O planejamento público exige um diagnóstico mais amplo e profundo, incorporando diversos instrumentos e dados preexistentes, pois a gestão municipal não se inicia com o novo governo, mas segue o princípio da continuidade do serviço público, que determina a prestação ininterrupta dos serviços essenciais, como saúde, educação e infraestrutura, para atender de forma constante às necessidades da sociedade[5]. Assim, a elaboração de estratégias não pode se sustentar apenas no plano de governo, sob pena de desconsiderar esse imperativo de continuidade e comprometer a eficiência administrativa.

A elaboração de planos estratégicos deve sempre considerar os diversos diagnósticos já existentes no município. Embora o plano de governo apresentado seja importante, precisa ser analisado em conjunto com outros instrumentos válidos e integrados à gestão pública, visto que o início de um mandato não inaugura a administração pública, a qual é regida pelo princípio da continuidade. Isso significa que o planejamento deve respeitar e dialogar com políticas, planos e diretrizes já estabelecidos, garantindo que as ações

---

[5] O princípio da continuidade do serviço público reflete a obrigação da Administração Pública de garantir que os serviços essenciais sejam prestados de maneira ininterrupta, atendendo às necessidades da coletividade de forma constante e regular. Esse princípio está diretamente relacionado à ideia de que os serviços públicos visam ao interesse público, devendo ser oferecidos sem pausas que possam prejudicar os cidadãos. A continuidade é fundamental, pois serviços como saúde, educação, segurança e infraestrutura são vitais para o funcionamento da sociedade e o bem-estar dos indivíduos. Tal princípio foi positivado no ordenamento jurídico brasileiro, conforme o art. 175, IV, da Constituição Federal de 1988, que estabelece o dever do Estado de assegurar a prestação de serviços públicos de forma adequada, e é também regulamentada pela Lei 8.987/95, que destaca a importância de princípios como regularidade, eficiência e segurança na prestação desses serviços.

futuras estejam em sintonia com os avanços já conquistados e as necessidades emergentes.

Por exemplo, ao definir metas e objetivos para a educação pública municipal, é indispensável considerar não apenas os planos decenais de educação e o Plano Nacional de Educação, mas também o Índice de Desenvolvimento da Educação Básica (Ideb). Da mesma forma, qualquer planejamento de desenvolvimento urbano e viário deve incorporar o Plano Diretor vigente, que é regulamentado por três principais leis: o Estatuto da Cidade (Lei Federal n.º 10.257/01), que define os princípios e diretrizes gerais para a política urbana; a Lei de Parcelamento do Solo Urbano (Lei n.º 6.766/79), que regula o parcelamento e a ocupação do solo urbano; e o Código Florestal (Lei n.º 4.771/65), que estabelece normas de proteção ao meio ambiente e à vegetação nativa. Além disso, é fundamental avaliar se já existe ou se deve ser criado o plano de adaptação às mudanças climáticas, conforme a Lei n.º 14.904, de 27 de junho de 2024, que exige que todos os municípios cumpram essa determinação.

Entretanto, é essencial que se realize uma análise crítica desses planos, partindo da premissa de que foram bem elaborados. Essa análise deve avaliar a qualidade e a aplicabilidade das propostas contidas nos documentos existentes, verificando se realmente atendem às necessidades e aos desafios do município. Esses planos, entre outros, precisam dialogar com a agenda local e com as necessidades emergentes, sempre embasados em dados atualizados, como os fornecidos pelo último censo realizado pelo IBGE.

A previsão de criação desses planos nas definições do plano estratégico da futura gestão é de grande relevância, pois representam entregas concretas à sociedade, além de moldarem as políticas públicas e prepararem as cidades para os desafios futuros. A análise criteriosa desses diagnósticos, associada à consideração de possíveis mudanças no cenário, é fundamental para a formulação de políticas públicas eficazes e sustentáveis, garantindo que as estratégias estejam bem fundamentadas em dados concretos e alinhadas às demandas reais da população.

A elaboração de um diagnóstico abrangente e bem delineado é um processo complexo que demanda tempo e expertise por parte da equipe responsável. Embora o tempo necessário para essa construção possa variar, é essencial estabelecer metas claras para o processo. Sem essas metas, corre-se o risco de perpetuar uma indefinição, resultando em adiamentos contínuos e falta de progresso. A competência da equipe envolvida, o conhecimento aprofundado da realidade municipal e a existência de planos anteriores bem estruturados são fatores que influenciam o tempo de elaboração. No entanto, a definição de objetivos claros é indispensável para assegurar que o diagnóstico seja concluído de maneira eficaz e oportuna.

É importante destacar que, assim como ocorre com os planos de governo, muitas vezes elaborados meramente para cumprir exigências legais eleitorais, há também casos de planos diretores e de saneamento básico concebidos apenas para atender às determinações da legislação federal ou para viabilizar o acesso a recursos federais. Nesse contexto, é essencial a qualidade e a profundidade desses planos, uma vez que sua elaboração superficial pode comprometer a eficácia das políticas públicas implementadas.

A análise diagnóstica é um passo fundamental nesse processo, devendo ser conduzida de forma rigorosa e embasada, sem espaço para abordagens amadoras ou simplistas. É fundamental que essa análise vá além de metodologias genéricas e leve em consideração as nuances e particularidades da organização pública em questão. Somente dessa forma será possível identificar com precisão os desafios, as necessidades e as potencialidades do município, subsidiando a formulação de estratégias e políticas adequadas às demandas locais.

Essa crítica se estende também ao momento de transição governamental, um período frequentemente subestimado em sua importância, mas que possui implicações profundas para o futuro da administração pública municipal. Durante essa fase, é vital que as equipes de gestão sucessora se empenhem em assegurar a continuidade das políticas e a integração das novas diretrizes. Isso requer que o planejamento estratégico construído esteja alinhado com as realidades já diagnosticadas, garantindo uma transição eficiente e a manutenção da qualidade dos serviços prestados à população.

TRANSIÇÃO GOVERNAMENTAL E DIAGNÓSTICO ANTECIPADO

O período de transição de governo, que se inicia logo após a divulgação dos resultados eleitorais e se estende até a posse do novo gestor, é um momento determinante para o futuro da administração pública. Durante esse intervalo, ocorre a transferência de responsabilidades e informações da gestão anterior para a nova equipe, um procedimento que deve ser conduzido com máxima transparência e rigor técnico. Nesse contexto, a elaboração de um diagnóstico preciso e abrangente deve ser uma prioridade, sendo iniciada de forma paralela e integrada ao processo de transição.

A obrigatoriedade das equipes de transição está respaldada na legislação de diversos estados e municípios, como Minas Gerais, Ceará, Alagoas, Bahia e o município de Varginha/MG, entre outros[6]. No estado de Minas Gerais, por exemplo, a Constituição estadual prevê a instalação de equipe de transição, conforme estabelecido pela Emenda Constitucional n.º 11/2007, que acrescentou o parágrafo 1.º ao art. 174. Essa emenda garante pleno acesso às informações relativas às contas públicas, aos programas e aos projetos de governo ao candidato eleito para o cargo de prefeito. Embora a normatização infraconstitucional, por meio da Lei Estadual n.º 19.434/2011, tenha prescrito que a transição é facultativa, defende-se que, dada a força normativa dos princípios constitucionais, os gestores não possuem discricionariedade para decidir contra sua instituição.

O diagnóstico pós-eleitoral não deve ser postergado até a posse do novo governo. Pelo contrário, ele deve ser iniciado imediatamente após a confirmação dos resultados eleitorais, permitindo que a nova equipe de governo compreenda em profundidade a situação do município em todas as suas dimensões: econômica, social, administrativa e ambiental. Esta análise antecipada é essencial para que o novo gestor possa tomar decisões informadas desde o primeiro dia de mandato, evitando improvisações e erros de planejamento que possam comprometer a gestão ao longo dos quatro anos subsequentes.

---

[6] A normatização da transição governamental em Minas Gerais, por meio da Lei Estadual n.º 19.434/2011, e em diversos estados e municípios da Federação, teve como inspiração a Lei Federal n.º 10.609/2002, que instituiu a transição governamental no âmbito federal quando da passagem da faixa presidencial de Fernando Henrique Cardoso para Luiz Inácio Lula da Silva.

A urgência e a importância desse diagnóstico estão intrinsecamente relacionadas à necessidade de garantir a continuidade administrativa e de garantir ao novo governo uma visão clara e realista da situação do município. A transição de governo não deve ser vista apenas como uma formalidade política, mas como um processo fundamental para preservar o interesse público e a eficiência da gestão (Freitas, 2014). Sem um diagnóstico preciso e realizado em tempo hábil, o novo governo corre o risco de ser pego de surpresa por problemas herdados que poderiam ter sido identificados e abordados adequadamente durante o período de transição.

Além disso, o diagnóstico realizado durante o período de transição deve contar com a participação de uma equipe multidisciplinar, composta por profissionais com expertise nas diversas áreas que compõem a administração pública. Essa diversidade de saberes é essencial para que o diagnóstico não seja restrito a uma única perspectiva, mas sim que contemple a complexidade e a multiplicidade de desafios que a nova gestão enfrentará. A metodologia aplicada deve ser rigorosa, baseada em dados concretos e atualizados, e deve permitir a identificação de problemas estruturais e conjunturais que impactam o município.

A transição de governo, desse modo, não deve ser vista apenas como uma passagem institucional de bastão entre mandatários, mas como uma oportunidade estratégica para que a nova administração inicie seu mandato com clareza de objetivos e com as ferramentas necessárias para implementar políticas públicas eficazes. O diagnóstico pós-eleição, feito de forma concomitante à transição, constitui a pedra angular desse processo, garantindo que o planejamento estratégico subsequente seja ancorado em uma compreensão profunda e detalhada da realidade municipal.

Por fim, é importante destacar que a ausência de um diagnóstico bem elaborado durante a transição pode resultar em um início de governo marcado por decisões equivocadas e mal embasadas, comprometendo não apenas a eficiência da administração, mas também a confiança da população no novo gestor. Para evitar esses riscos, é imprescindível que o diagnóstico seja realizado de forma diligente e que os resultados desse levantamento sejam utilizados como base para todas as ações subsequentes da nova gestão.

Essa abordagem, que integra o diagnóstico ao processo de transição, reforça a necessidade de uma administração pública mais profissional e preparada para enfrentar os desafios contemporâneos. Dada a importância desse diagnóstico inicial, a próxima seção deste capítulo tratará da Multidisciplinaridade e Consistência Metodológica na elaboração dos planos de governo, destacando como a integração de diferentes áreas do conhecimento e a aplicação de métodos rigorosos são essenciais para a construção de um planejamento estratégico robusto e eficaz.

CONSISTÊNCIA METODOLÓGICA

Não há dúvidas de que o diagnóstico se configura no ponto de partida essencial para qualquer processo de planejamento estratégico, permitindo à organização pública avaliar sua situação atual com rigor e precisão. Essa avaliação inicial é muito importante para a formulação de estratégias que respondam de maneira eficaz às oportunidades e aos desafios presentes no contexto em que a organização está inserida. De acordo com Oliveira (1997), o diagnóstico deve ser conduzido de maneira integrada, contínua e sistêmica, abrangendo quatro etapas fundamentais: a análise dos ambientes interno e externo, a definição da missão organizacional, o estabelecimento de objetivos, a elaboração de instrumentos prescritivos e quantitativos, e a implementação de mecanismos de controle e avaliação.

A eficácia do diagnóstico depende de sua capacidade de adaptação às especificidades do contexto organizacional. Segundo Mintzberg, Ahlstrand e Lampel (1998), um diagnóstico robusto deve evitar a superficialidade e a generalização, sendo necessário que seja aprofundado, e específico e leve em consideração as particularidades da organização pública em questão. Apenas por meio de uma análise contextualizada é possível compreender as dinâmicas internas e externas que afetam a organização, incluindo a identificação precisa das ameaças e oportunidades presentes no ambiente, bem como o reconhecimento dos pontos fortes e fracos da organização. Com base nessa análise, a organização pode traçar um caminho claro e bem fundamentado para o desenvolvimento de estratégias futuras.

Para que o diagnóstico seja eficaz, é fundamental que ele seja conduzido com rigor metodológico. Oliveira (1997) destaca que a análise estratégica dos ambientes interno e externo deve ser realizada com base em critérios claros e mensuráveis, valendo-se de ferramentas como a Análise Swot (*Strengths, Weaknesses, Opportunities, Threats*) para as características que impactam a organização. Além disso, a definição de missão e objetivos da organização deve ser orientada pela realidade identificada já no diagnóstico, garantindo, assim, que as estratégias desenvolvidas sejam viáveis e relevantes.

No contexto do setor público, o diagnóstico assume uma importância ainda maior, pois as organizações governamentais lidam com recursos limitados e demandas sociais complexas. Como ressaltam Denhardt e Denhardt (2007), o diagnóstico no setor público não pode ser apenas uma formalidade, mas deve ser um processo rigoroso e detalhado que fundamenta todas as ações subsequentes de planejamento. Isso significa que o diagnóstico deve considerar fatores como a realidade socioeconômica local, a capacidade de execução do governo e as expectativas da população.

Por essas considerações, percebe-se que o diagnóstico é mais que uma etapa inicial — ele é o fio condutor que permeia todas as fases do planejamento estratégico. A análise contínua e integrada, como enfatizado por Oliveira (2004), possibilita ajustes necessários e pertinentes ao longo do processo, garantindo que as estratégias se mantenham alinhadas às demandas locais e aos objetivos traçados.

Essa perspectiva de um diagnóstico adaptável e contextualizado prepara o terreno para a próxima fase do planejamento estratégico, em que as estratégias delineadas começam a tomar forma prática, com base nos dados e insights coletados nessa etapa inicial.

A seguir, um fluxograma elaborado pelo autor sobre a interface entre o diagnóstico e a estratégia:

Figura 1 – Etapas do Planejamento Estratégico

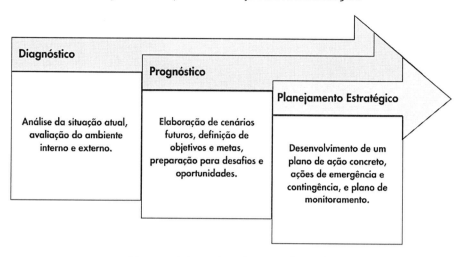

Fonte: elaborada pelo autor (2024)

O fluxograma apresentado ilustra as etapas fundamentais do processo de planejamento estratégico no contexto da gestão pública. Inicia-se com o **Diagnóstico**, que representa uma análise detalhada e abrangente da situação atual, constituindo-se na "fotografia" do momento presente da administração pública municipal, ou seja, uma avaliação precisa e crítica do ambiente interno e externo, com ênfase em identificar forças, fraquezas, oportunidades e ameaças que podem impactar a gestão.

A seguir, o **Prognóstico** emerge como a fase na qual são elaborados cenários futuros com base no diagnóstico realizado, estabelecendo objetivos e metas que orientam as diretrizes da administração para os próximos períodos. Essa etapa projeta diferentes possibilidades e tendências, permitindo que a gestão pública se prepare para eventuais desafios e oportunidades.

Finalmente, o **Planejamento Estratégico** consolida-se na elaboração de um plano de ação concreto, em que são definidos os passos a serem seguidos, as ações de emergência e contingência para lidar com imprevistos e o plano de monitoramento, que assegura o acompanhamento contínuo e a avaliação da implementação das estratégias, garantindo que os objetivos traçados sejam alcançados de maneira eficaz e alinhada às expectativas da gestão pública. Esse fluxograma sintetiza, portanto, um ciclo contínuo e dinâmico de planejamento que se retroalimenta, ajustando e refinando a administração pública em direção a uma governança eficiente e responsiva.

ESTRUTURANDO A ANÁLISE BÁSICA

Para exemplificar e tornar esta abordagem mais pragmática, apresentamos a seguir um modelo de *checklist* obrigatório para a construção de uma análise básica que precede um diagnóstico mais detalhado. Esse modelo serve como um ponto de partida para um diagnóstico aprofundado e deve ser visto como um guia para garantir que todas as áreas críticas sejam consideradas.

Um diagnóstico bem elaborado é fundamental para entender as condições financeiras, orçamentárias, patrimoniais e de recursos humanos, proporcionando os subsídios necessários para a elaboração de um planejamento estratégico eficaz. Além disso, é essencial que o diagnóstico tenha metas claras e prazos definidos, evitando a perpetuação de incertezas e a procrastinação na implementação de melhorias.

CHECKLIST OBRIGATÓRIO PARA A ELABORAÇÃO DO DIAGNÓSTICO:

1. **Diagnóstico orçamentário**

- Análise das peças de planejamento: avaliação do Plano Plurianual, Lei de Diretrizes Orçamentárias, Lei Orçamentária Anual e programação financeira, considerando valores, classificações econômicas e funcionais, metas e indicadores;

- Confrontação de créditos adicionais: verificação da qualidade do planejamento orçamentário ao confrontar créditos suplementares e especiais com o orçamento e as leis autorizadoras;

- Realização das despesas: análise da execução das despesas em relação à previsão inicial, considerando classificação econômica, empenho prévio e tipos de empenho (global, estimado, ordinário);

- Recolhimentos tributários: conferência dos recolhimentos tributários devidos e realizados, como contribuições previdenciárias, Pasep, IRRF, FGTS e INSS etc.;

- Retenções efetivadas: verificação da quitação de empréstimos consignados e outras retenções junto aos credores;

- Pagamentos de precatórios e sentenças: análise dos valores pagos de precatórios judiciais e sentenças de pequeno valor;

- Aplicação de recursos vinculados: verificação da aplicação dos recursos vinculados, como multas de trânsito, Cide, alienação de ativos, e recursos da saúde e educação;

- Despesa com pessoal: apuração do percentual da despesa com pessoal em relação à Receita Corrente Líquida (RCL);

- Acompanhamento de receitas e despesas realizadas: comparação contínua entre as receitas previstas e realizadas, bem como as despesas autorizadas e executadas, ao longo do exercício, para identificar desvios e ajustes necessários na nova gestão;

- Relatórios de controle interno: análise e verificação dos relatórios do controle interno;

- Dívida ativa: avaliação do lançamento, cobrança e registro dos valores de dívida ativa;

- Resultado orçamentário: apuração e análise do resultado orçamentário do exercício anterior e projeção para o exercício corrente;

- Relatórios de gestão fiscal: verificação dos relatórios resumidos da execução orçamentária e os de gestão fiscal do período;

- Prestação de contas: verificação da regularidade da prestação de contas junto ao Tribunal de Contas e dos convênios celebrados.

2. Diagnóstico financeiro

- Programação financeira e desembolsos: avaliação do cumprimento da programação financeira e cronograma de desembolso;
- Liquidação de restos a pagar: verificação das liquidações de restos a pagar e despesas correntes;
- Restos a pagar: análise dos restos a pagar, processados e não processados;
- Movimentação extra orçamentária: verificação da movimentação de receitas e despesas extra orçamentárias e apuração de saldos;
- Ordem cronológica de pagamentos: análise da ordem cronológica de pagamentos;
- Disponibilidades financeiras: verificação das disponibilidades financeiras, tanto próprias quanto vinculadas, e movimentação em tesouraria;
- Conciliações bancárias: verificação e análise das conciliações bancárias;
- Resultado financeiro: apuração e análise do resultado financeiro do exercício anterior e projeção para o exercício corrente;
- Gestão de caixa: avaliação da situação de caixa deixada pela gestão anterior, com análise dos fluxos de caixa projetados versus realizados, para garantir que a nova gestão tenha clareza sobre a liquidez imediata e as obrigações financeiras pendentes.

3. Diagnóstico contábil patrimonial

- Variações patrimoniais: análise e avaliação das Variações Patrimoniais Aumentativas (VPAs) e Diminutivas (VPDs) em contas do realizável, estoques, patrimônio, dívida ativa, entre outros;
- Resultado econômico: análise e avaliação do resultado econômico do exercício anterior e projeção para o corrente;

- Resultado patrimonial: verificação da consistência entre o resultado econômico e o patrimonial, bem como a influência dos resultados financeiros e orçamentários sobre as variações patrimoniais;
- Gestão patrimonial: análise de itens da gestão patrimonial, incluindo dívida ativa, endividamento de curto prazo, estoques e patrimônio.

4. **Diagnóstico de materiais, contratos e patrimônio**

- Níveis de estoques: avaliação dos níveis de estoques existentes, considerando valores máximos, mínimos, e estoque de segurança, com base no último inventário;
- Instrumentos contratuais: verificação de todos os contratos vigentes relacionados à aquisição de materiais e à prestação de serviços;
- Bens patrimoniais: verificação da listagem de bens patrimoniais de propriedade da administração, acompanhada do inventário realizado.

5. **Diagnóstico de recursos humanos**

- Levantamento de cargos e servidores: verificação e análise de todos os cargos e servidores, indicando função e local de trabalho;
- Plano de cargos e salários: análise dos planos de cargos, salários e carreira existentes;
- Organograma administrativo: verificação do organograma da administração;
- Folha de pagamento: conferência da folha de pagamento por servidor e evento, verificando pagamentos e destinatários;
- Análise de contratações recém-realizadas: revisão de contratações realizadas no ano final do mandato anterior, verificando sua necessidade e seu impacto financeiro, para ajustar a equipe conforme as prioridades da nova gestão.

6. Diagnóstico de receitas

- Arrecadação de receitas: análise do nível de arrecadação das receitas nos exercícios corrente e anteriores;
- Tributos municipais: verificação dos montantes lançados e pagos de tributos municipais nos últimos três anos, incluindo valores recebidos mês a mês e não pagos;
- Dívida ativa de tributos: análise do montante de tributos municipais inscritos em dívida ativa devido ao não pagamento;
- Execuções fiscais: levantamento da quantidade e valores das execuções fiscais e seus andamentos;
- Maiores devedores: análise dos maiores devedores de tributos do município;
- Depósitos judiciais: verificação do montante de depósitos judiciais existentes nas execuções fiscais em andamento e se já foram levantados pela municipalidade;
- Eficácia na cobrança: verificação das medidas adotadas pela administração para aumentar a eficácia e eficiência da cobrança e arrecadação dos tributos municipais, incluindo sistemas informatizados de apoio à fiscalização;
- Revisão de benefícios fiscais e isenções: análise dos benefícios fiscais concedidos no fim da gestão anterior e seu impacto sobre a arrecadação, para avaliar a continuidade dessas políticas sob a nova administração.

7. Diagnóstico de legislação

- Análise de legislações específicas de curto, médio e longo prazos evidenciando planejamentos setorizados (com as respectivas metas e os respectivos objetivos traçados), como: Plano Decenal de Educação, Plano de Enfrentamento às Mudanças Climáticas, Plano Diretor, Plano Municipal de Turismo, Plano Municipal de Saúde etc.;

- Conformidade com normas federais e estaduais: verificação da conformidade das legislações municipais com normas federais e estaduais, incluindo a adequação a legislações específicas como o Estatuto da Cidade, a Lei de Responsabilidade Fiscal e normas ambientais;

- Atualização legislativa: análise da necessidade de atualização ou revisão de legislações municipais, considerando mudanças recentes na legislação federal e estadual, além de adequações às novas demandas sociais e econômicas do município;

- Impacto das alterações legislativas: avaliação dos impactos de eventuais alterações legislativas sobre o planejamento e a execução das políticas públicas, considerando as consequências jurídicas, financeiras e sociais dessas mudanças;

- Análise das normas regulamentadoras: revisão das normas regulamentadoras que afetam a execução de políticas públicas no município, como regulamentos de licitações, contratos, uso e ocupação do solo, e outros instrumentos legais;

- A realização de um diagnóstico com base nesses dados proporcionará uma visão realista e abrangente da situação atual da organização, estabelecendo uma base sólida para a elaboração de estratégias eficazes que atendam às necessidades e aos desafios identificados. A partir desse ponto, a estratégia pode começar a ser elaborada de maneira fundamentada, permitindo que as decisões sejam tomadas com clareza e segurança;

- É fundamental que, durante todo o processo, haja transparência e que os dados sejam disponibilizados de forma acessível, garantindo que a participação popular possa acompanhar e auditar cada etapa do planejamento, nos termos do que assegura, aliás, a própria Constituição Federal de 1988. Isso reforça a legitimidade das ações do governo, além de promover um ambiente de confiança e colaboração entre a administração pública e a sociedade;

- Revisão de legislações aprovadas no fim do mandato: avaliação das legislações aprovadas nos últimos meses da gestão anterior, verificando possíveis impactos sobre a nova administração e a necessidade de ajustes ou revogações.

A realização de um diagnóstico com base nesses dados proporcionará uma visão realista e abrangente da situação atual da organização, estabelecendo uma base sólida para a elaboração de estratégias eficazes que atendam às necessidades e aos desafios identificados. É fundamental que, durante todo o processo, haja transparência e que os dados sejam disponibilizados de forma acessível, garantindo que a população possa acompanhar e auditar cada etapa do planejamento, conforme assegurado pela Constituição Federal de 1988. Isso reforça a legitimidade das ações do governo e promove um ambiente de confiança e colaboração entre a administração pública e a sociedade.

EM SÍNTESE

O diagnóstico é a premissa central para qualquer planejamento estratégico eficaz no setor público, particularmente no nível municipal, em que a complexidade e as necessidades locais exigem um enfoque detalhado e bem fundamentado. Este capítulo destacou a importância da construção de um diagnóstico abrangente, que vá além da simples utilização do plano de governo apresentado durante as campanhas eleitorais. Tal prática, embora comum, tem se mostrado insuficiente e, em muitos casos, prejudicial, resultando em estratégias desconexas da realidade e incapazes de atender às demandas reais da comunidade.

A análise revelou a fragilidade dos planos de governo como diagnósticos confiáveis, mostrando que esses documentos, muitas vezes, carecem de profundidade e metodologia adequadas, servindo mais como instrumentos eleitorais do que como guias para a gestão pública. Isso se torna especialmente crítico em municípios de pequeno e médio porte, onde a ausência de uma cultura de planejamento eficiente é mais pronunciada.

Além disso, a importância de um diagnóstico robusto deve ser multidisciplinar e incluir uma análise rigorosa dos diferentes aspectos da administração pública, como finanças, recursos humanos, patrimônio e receitas. O *checklist* apresentado oferece uma estrutura prática para conduzir uma análise básica, mas essencial, que pode servir como ponto de partida para um diagnóstico mais detalhado e aprofundado.

Outro ponto importante é que o diagnóstico não deve ser visto apenas como uma etapa inicial, mas como um processo contínuo a ser revisitado ao longo da gestão. A colaboração entre diferentes áreas do conhecimento enriquece o diagnóstico e amplia a capacidade da administração pública de responder às necessidades emergentes. Exemplos práticos de municípios que implementaram diagnósticos eficazes e colheram resultados positivos podem ilustrar a relevância dessa abordagem.

Além disso, o capítulo ressaltou a necessidade de transparência e participação popular ao longo de todo o processo de diagnóstico e planejamento. Garantir que os dados estejam acessíveis e que a população possa acompanhar e auditar cada etapa reforça a legitimidade das ações governamentais, promovendo um ambiente de confiança e colaboração entre a administração pública e a sociedade.

Em suma, a elaboração de um diagnóstico bem estruturado e realista é imprescindível para que o planejamento público seja eficaz, equitativo e verdadeiramente transformador. Somente com um diagnóstico preciso é possível formular políticas que não apenas atendam às necessidades imediatas, mas também promovam um desenvolvimento local sustentável e inclusivo, alinhado às expectativas da população e às exigências de transparência e participação democrática.

4
PLANEJAR E GOVERNAR: DOIS VERBOS EM SINERGIA

Governar é uma combinação imprevisível de ciência e arte. O grau de incertezas tem aumentado ao longo do tempo, e as regularidades históricas são menos visíveis hoje do que no passado. [...] Se o projeto de governo for ambicioso e transformador, certamente o grau de resistência dos atores já estabelecidos se tornará um grande obstáculo.
(Jackson De Toni, 2016)

Este capítulo explora o papel do planejamento na administração pública, enfatizando a sinergia entre os verbos "planejar" e "governar". Ambas as ações são intrinsecamente interligadas, pois um planejamento eficaz não apenas orienta a governança, mas também é a base para a tomada de decisões informadas e estratégicas. Planejar é preparar o terreno, enquanto governar é a execução das ações planejadas. A eficácia de uma depende da qualidade da outra.

Serão discutidos os desafios enfrentados na implementação de políticas públicas decorrentes da baixa capacidade pessoal e institucional de governo, destacando a importância de uma abordagem reflexiva e estratégica. A falta de um planejamento robusto pode comprometer a capacidade de um governo de responder adequadamente às demandas da sociedade e às crises emergentes.

Como já visto, o planejamento é uma indispensável ferramenta das organizações. Como instrumento próprio das organizações públicas, visa preparar as ações constantes em um "plano maior", isto é, insere-se em um processo mais amplo de desenvolvimento das organizações, que enfoca a condução do processo de tomada de decisão e a priorização das execuções que farão parte do portfólio da instituição.

Tendo em vista esse conceito, não há como desconsiderar a dimensão cultural das organizações. Por isso, métodos que abordam o planejamento de maneira genérica e descontextualizada das nuances culturais, sociais e políticas se revelam como paradigmas fracassados. Dito de maneira mais simples e direta: não cabe a célebre "receita de bolo" quando se discute o planejamento na esfera pública. No entanto, isso não quer dizer que não possa haver a observação de boas práticas realizadas em diversas organizações públicas similares, mas o fato é que a simples reprodução acrítica de modelos engessados é incapaz de construir um planejamento orientado para os reais problemas locais.

Isso parece óbvio, mas é mais comum do que se imagina a adoção de "receitas genéricas para se alcançar o sucesso". Basta analisar a imensidão de contratações por parte de organizações públicas de consultorias que possuem seus inflexíveis "métodos prontos". Utilizam a mesma metodologia para um município de 5 mil habitantes localizado numa região de baixo IDH no semiárido mineiro e para um município metropolitano de meio milhão de pessoas. Quando muito, os consultores fazem pequenas adaptações, pouco ou quase nada se dedicam a uma customização[7]. Essas ações são indispensáveis para a construção de um planejamento realmente comprometido com as peculiaridades locais.

Segundo De Toni:

> O plano é, no fundo, uma grande aposta bem fundamentada sobre hipóteses e cenários futuros com diferentes viabilidades para o sucesso do projeto planejado. Os cenários resultam de decisões estratégicas tomadas no tempo presente, mais do que meras projeções do passado. É por isso que o planejamento governamental imprescinde de uma abordagem transdisciplinar, polissêmica, que integra vários olhares, sentidos e dimensões sobre uma totalidade concreta e portanto,

---

[7] Essa expressão é amplamente empregada, especialmente no universo da moda, mas encaixa-se perfeitamente na análise que estamos conduzindo. A palavra "customizar" tem suas raízes no vocábulo inglês *custom*, um adjetivo que denota algo "feito sob encomenda" ou "elaborado de acordo com as medidas específicas". Em outras palavras, há a compreensão de que a vestimenta deve se ajustar aos padrões do corpo em questão, tornando inadequado o uso de medidas padronizadas. Embora P, M, G e XG possam representar o padrão para a maioria da sociedade, não são medidas universais que atendem a todas as formas corporais do planeta.

> contraditória em si mesma, que é o jogo social, a produção das condições de existência de uma determinada sociedade, com suas virtudes e fraquezas. Por isso, o 'plano' não pode ser encomendado a um grupo de técnicos com boa vontade; os responsáveis últimos e diretos pela direção das organizações públicas devem envolver-se e responsabilizar-se pelas suas consequências. Caso contrário, o 'plano', como sabemos, continuará a adornar estantes e se esconder no escuro das gavetas (De Toni, 2017, p. 4).

Como se pode notar na acepção de De Toni, um plano não é apenas uma projeção linear do passado, mas uma aposta estratégica fundamentada em hipóteses sobre o futuro. Essa é uma tarefa que exige, necessariamente, uma abordagem transdisciplinar, integrando diversas perspectivas e dimensões que compõem a realidade social, marcada por suas contradições e peculiaridades. Destaque para a participação ativa e a responsabilização dos líderes — aspectos inafastáveis para que os planos se tornem instrumentos eficazes de transformação e desenvolvimento social.

De Toni (2016) ressalta que as regularidades históricas são menos visíveis hoje, o que se traduz em um contexto em que crises econômicas se tornam mais frequentes e profundas. Além disso, as demandas sociais emergem de forma mais incisiva, exigindo respostas cada vez mais urgentes por parte do poder público. Quando um governo propõe um projeto ambicioso e transformador, encontra resistência de atores já estabelecidos, que se sentem ameaçados por mudanças que desafiam o status quo. Por outro lado, um governo que adota uma postura conservadora, mantendo a inércia da trajetória atual, tende a enfrentar menos oposição.

Essa análise destaca o desafio intrínseco ao processo de governança, especialmente quando se busca inovar e transformar estruturas sociais e econômicas. De Toni sublinha que, para o governante que deseja promover modernização e transformação, a única saída é aprimorar sua capacidade de gestão e planejamento estratégico. Assim, o sucesso de um projeto de governo depende não apenas da intenção de mudança, mas da habilidade de navegar pelas complexidades e resistências que surgem nesse percurso. Portanto, um governo eficaz deve ser capaz de equilibrar essas forças, adotando uma postura proativa na formulação de estratégias e no gerenciamento de crises, para que possa alcançar transformações significativas e duradouras.

Assim como ninguém planeja uma viagem sem conhecer o destino, ninguém deve se aventurar em alto-mar sem uma bússola para garantir a melhor orientação. Se a vida, portanto, pode ser realmente considerada como uma grande viagem e, analogamente, qualquer planejamento que fazemos na vida privada ou nas organizações assim o é, então o que podemos fazer é utilizar o mais eficiente sistema de navegação possível (GPS, Glonass ou o Galileo são, hoje, as referências globais) e nos apossar das ferramentas mais adequadas para viajar em segurança e chegar bem ao destino.

- Qual é o destino?
- Como chegaremos até ele em segurança?
- Quais percalços podemos encontrar pelo caminho e como vencê-los?

Somente um plano prévio e muito bem construído será capaz de nos dizer essas respostas. Antes de tomar qualquer decisão sobre ações a serem executadas, é imperativo analisar o cenário atual, alinhar as expectativas, compreender as mudanças e possíveis tendências, estabelecer metas claras, obter uma visão do propósito da organização, além de desenvolver estratégias inteligentes e preparar planos de ação para enfrentar eventuais crises econômicas, sociais e políticas.

O planejamento desempenha um papel fundamental na efetividade das políticas públicas, conforme observado por Matus:

> A negligência menos declarada que marca, com poucas exceções, as lideranças políticas latino-americanas é a sua baixa capacidade pessoal de governo. O drama central desses povos é que a essa deficiência pessoal soma-se a baixa capacidade institucional, isto é, a falta de perícia do aparelho burocrático. A tragédia que se segue ao drama torna-se evidente quando constatamos que nenhum dirigente político admite a primeira acusação, e a comédia fica triste quando, ante a evidência dos fatos, os afetados se aferram à segunda acusação

> sobre a causa da má gestão pública. A incompetência não tem "incompetentes", é incorpórea, é sempre de outros, anônimos, ou de entidades abstratas de médio ou baixo escalão. [...] Uma questão central, que revela as raízes e a renitente constância da baixa capacidade pessoal e institucional de governo, é o desprezo e a incompreensão acerca do planejamento e das ciências e técnicas de governo (Matus, 1996a, p. 40).

O economista chileno ressalta que, muitas vezes, a negligência menos declarada que permeia as lideranças políticas latino-americanas é a sua baixa capacidade pessoal de governo. Esse desafio é agravado pela falta de competência institucional, que evidencia a carência de perícia no aparelho burocrático. Matus destaca que, apesar dessa realidade, poucos dirigentes políticos reconhecem sua deficiência pessoal, preferindo atribuir a má gestão pública à falta de competência institucional.

A tragédia decorrente dessa conjuntura torna-se ainda mais evidente quando os afetados, diante da clareza dos fatos, insistem em culpar a incompetência de outros, muitas vezes anonimizados ou representados por entidades abstratas de médio ou baixo escalão. Nesse contexto, Matus aponta para uma questão central que revela as raízes persistentes da baixa capacidade pessoal e institucional de governo: o desprezo e a incompreensão acerca do planejamento e das ciências e técnicas de governo.

Nota-se, assim, que, na esfera da administração pública, o processo de planejamento se entrelaça com o exercício fático de governo. A produção de políticas sob a autoridade estatal é regida por normas, regulamentos e marcos jurídico-institucionais que demandam reflexão prévia às ações. Em outras palavras, as ações de governo devem ser precedidas por um processo reflexivo consciente antes da execução, caracterizando a essência do ato de planejar e formular estratégias.

Diferentemente do planejamento institucional ou organizacional, que se concentra na compreensão, no processamento e na projeção de mudanças no âmbito organizacional, o planejamento estratégico, no contexto aqui abordado, é percebido como uma capacidade de governar, de "produzir governo". Essa capacidade se concretiza na produção de políticas, as quais materializam a intencionalidade governamental, realizando no presente os objetivos alinhados e acumulando resultados para uma estratégia específica (Matus, 1996a, p. 40). Assim, fica evidente que a habilidade de planejar não apenas antecede, mas constitui o cerne do processo governamental, moldando o curso e os resultados das ações políticas.

O TRIÂNGULO DE GOVERNO DE MATUS

Ao aprofundar as reflexões sobre o planejamento na administração pública na contemporaneidade, é importante compreender o conceito de "triângulo de governo", uma ferramenta analítica desenvolvida por Carlos Matus que sintetiza a complexidade do processo de governar. Matus propõe que a eficácia de um governo depende da inter-relação entre três componentes fundamentais: a capacidade de governo, a governabilidade e o projeto de governo. Essas três variáveis interagem de forma dinâmica, determinando o sucesso ou o fracasso de uma administração. Vejamos uma a uma:

A **capacidade de governo** refere-se à competência técnica, organizacional e política de uma administração para implementar suas políticas e alcançar seus objetivos. Ela abrange a habilidade de planejar, dirigir e coordenar ações, além de mobilizar recursos humanos, financeiros e materiais de maneira eficiente. Segundo Matus (1996a), essa capacidade é essencial para a formulação de políticas públicas que sejam realistas e executáveis. A capacidade de governo, portanto, constitui a base sobre a qual se constrói a efetividade governamental.

Por sua vez, a **governabilidade** configura-se como a medida da capacidade do governo de operar dentro dos limites impostos pelo contexto político, econômico e social em que se insere. Esse conceito está intimamente ligado ao capital político, ou seja, ao apoio que o governo possui de diferentes setores da sociedade e dos demais poderes constituídos. A governabilidade, como destacado por Matus (2006a), é diretamente influenciada pela capacidade de governo, pois um governo que não consegue demonstrar competência tende a perder apoio e legitimidade, comprometendo a implementação de seu projeto de governo.

Por fim, o **projeto de governo** é o conjunto de objetivos e estratégias que a administração se propõe a realizar durante seu mandato. É a expressão concreta das intenções políticas do governo, materializando suas promessas e ideais em ações práticas. No triângulo de Matus, o projeto de governo é constantemente desafiado pela capacidade de governo e pela governabilidade. Um projeto ambicioso e transformador, como mencionado por De Toni (2016), exige uma elevada capacidade de governo e uma governabilidade robusta para superar as resistências inerentes ao status quo.

O triângulo de governo de Matus revela que as três variáveis — capacidade de governo, governabilidade e projeto de governo — não podem ser analisadas isoladamente. Ao contrário, elas se inter-relacionam de maneira dinâmica, de modo que a deficiência em uma dessas áreas pode comprometer o todo. Por exemplo, um governo com baixa capacidade técnica terá dificuldades em manter sua governabilidade, pois não conseguirá entregar resultados satisfatórios, o que, por sua vez, fragiliza a execução do seu projeto de governo.

Matus reforça que, em um cenário de incertezas e variáveis fora de controle, é crucial que o governo fortaleça sua capacidade de gerenciar aquilo que pode controlar. O planejamento estratégico, nesse contexto, emerge como uma ferramenta indispensável para que o governo possa alinhar seus recursos e competências de forma a maximizar a governabilidade e garantir a execução de seu projeto.

A abordagem de Matus oferece uma perspectiva estratégica sobre o planejamento e a governança. Embora seja uma entre tantas ferramentas disponíveis para analisar a complexidade da administração pública, ela proporciona um arcabouço teórico útil para compreender as interações entre as variáveis críticas que influenciam a eficácia governamental. A capacidade de governo, a governabilidade e o projeto de governo formam um sistema interdependente que, quando adequadamente equilibrado, pode contribuir para uma gestão pública eficiente e orientada para resultados. De todo modo, é fundamental reconhecer que o êxito de qualquer modelo de governança depende da capacidade dos gestores de adaptá-lo às realidades específicas e mutáveis do contexto em que atuam. A seguir, a representação visual do triângulo proposto por Matus:

Figura 2 – Triângulo da gestão pública de acordo com Matus

Fonte: elaborada com base em Matus (1940a)

PLANEJAR É UM ATO DINÂMICO

O desafio de desenvolver um planejamento público eficaz vai além da mera aplicação de práticas genéricas. Em um mundo cada vez mais voltado para a simplificação de questões complexas, a complexidade inerente ao planejamento público exige uma abordagem mais refinada e adaptável. Especialmente no contexto da administração pública, em que as especificidades de cada organização são fundamentais, a adoção de metodologias genéricas pode comprometer seriamente os resultados almejados.

Ao refletirmos sobre a essência do planejamento na administração pública, conforme delineado por Matus, somos levados a reconhecer a centralidade do ato de planejar na condução do processo governamental. Este não apenas precede, mas também constitui o cerne das ações políticas, moldando tanto seu curso quanto seus resultados. Contudo, diante da crescente complexidade dos desafios enfrentados pela sociedade moderna, é necessário ir além das práticas genéricas de planejamento.

Neste ponto, as análises do filósofo sul-coreano Byung-Chul Han sobre a contemporaneidade oferecem uma lente crítica poderosa. Han, em obras como *Sociedade do cansaço* e *A sociedade da transparência*, destaca o perigo da padronização e superficialidade nas soluções propostas para os problemas atuais. Sua crítica à cultura do desempenho e à vigilância digital ressoa profundamente no contexto do planejamento público, sugerindo a urgência de uma abordagem mais contextualizada e flexível. Pensar no processo de planejamento público com base nas ideias de Han significa questionar a validade das abordagens simplificadas e se dedicar a uma compreensão aprofundada das particularidades de cada contexto, visando desenvolver estratégias verdadeiramente eficazes e relevantes para os desafios do nosso tempo.

Em vez de nos contentarmos com respostas simplificadas, devemos investir tempo e esforço na compreensão profunda das particularidades de cada situação e na elaboração de estratégias adaptadas às necessidades específicas. Somente assim poderemos superar os desafios do planejamento público e promover mudanças significativas na sociedade contemporânea.

Considerando o conteúdo abordado até aqui, é pertinente buscar uma definição de planejamento no âmbito público que seja simultaneamente concisa e substancial, evitando "simplismos". Afinal, nosso objetivo é consolidar os conceitos de maneira didática e pragmática.

Nesse sentido, a nossa definição de planejamento no contexto público é a seguinte:

O planejamento é, a um só tempo, uma ferramenta e um processo utilizado para estabelecer metas e prever as ações necessárias para atingi-las de maneira eficaz e eficiente, levando em consideração os recursos disponíveis e as circunstâncias sociais, políticas, culturais e econômicas.

Essa abordagem não apenas visa orientar as decisões presentes, mas também objetiva antecipar e moldar o futuro. Dessa forma, o planejamento busca atender às demandas da sociedade e promover o bem comum de maneira otimizada.

Essa definição ressalta a natureza proativa do planejamento, enfatizando a necessidade de estabelecer objetivos claros, identificar estratégias adequadas e avaliar cuidadosamente os recursos disponíveis e o contexto em que se insere. Além disso, destaca-se a importância da eficiência e eficácia na implementação dos planos, visando alcançar os resultados desejados de forma consistente e satisfatória.

É essencial salientar que, conforme aborda-se ao longo desta obra, o planejamento está intrinsecamente interligado à estratégia. Nesse contexto, é fundamental reconhecer que um planejamento eficaz depende intrinsecamente de uma estratégia claramente definida. Por isso, um dos próximos capítulos será dedicado exclusivamente à análise e à compreensão da estratégia. O objetivo é fornecer uma visão abrangente e didática de como a estratégia se insere no processo de planejamento, destacando sua importância e as implicações substanciais para alcançar resultados significativos e o cumprimento das metas e objetivos estabelecidos. Para aprofundar essa discussão, além do triângulo de Matus, serão incorporadas perspectivas complementares, como as abordadas no painel que participei ao lado do ministro Anastasia, cujas reflexões serão detalhadas a seguir.

OS QUATRO PILARES DA GESTÃO PÚBLICA CONTEMPORÂNEA: LIÇÕES BASEADAS EM UM PAINEL COM ANTÔNIO ANASTASIA

No dia 25 de julho de 2024, ao lado do ministro do TCU, Antônio Anastasia, participei de um painel intitulado "Construindo Planos para Gestão 2025-2029", organizado pelo Instituto de Planejamento e Gestão de Cidades (IPGC). Esse painel aconteceu no âmbito do Seminário Nacional de Gestão de Cidades: Ideias e Soluções para o Futuro, reunindo mais de 150 pessoas, entre lideranças municipais e especialistas em Gestão Pública. Em cerca de quase duas horas de debate, as reflexões compartilhadas me inspiraram a escrever sobre os quatro pilares fundamentais para uma gestão pública exitosa.

PLANEJAMENTO: O PILAR FUNDAMENTAL

Durante o painel, Antônio Anastasia e eu concordamos sobre a importância do planejamento como a base sobre a qual todas as ações governamentais devem ser construídas, apesar de enfrentarmos obstáculos culturais imensos que nos impedem de criar uma cultura de planejamento público no Brasil. Um planejamento eficaz não é um simples documento; ao contrário, deve ser visto como um processo dinâmico e contínuo de avaliação, ajuste e realinhamento das metas e objetivos. A flexibilidade no planejamento, aliás, é essencial para permitir adaptações às mudanças contextuais e às necessidades emergentes, sem perder de vista a visão estratégica de longo prazo.

Para lidar com as incertezas, o planejamento se revela como instrumento fundamental. Planejar é intervir na realidade em busca de resultados e, em grande medida, pressupõe conhecimento da realidade social. Planejar é concatenar as ações dos diferentes atores da máquina pública. É também implementar e coordenar uma sequência de intenções a fim de transformá-las em realidade, em políticas efetivas. Planejar é, em suma, um meio institucional que busca solucionar problemas sociais e políticos.

Essa visão foi particularmente relevante para mim, lembrando-me de minha experiência como prefeito de uma cidade pequena aos 20 e poucos anos. Com recursos extremamente limitados, fui obrigado a focar intensamente o planejamento para identificar claramente as prioridades da cidade. Sabia que, sem um plano bem definido, poderíamos facilmente falhar. Contudo, ao estabelecer prioridades claras e seguir um planejamento rigoroso, conseguimos alcançar nossos objetivos, o que resultou em minha reeleição.

Hoje, como secretário de Fazenda em Nova Lima, a realidade é diferente em termos de recursos, que são vultosos. No entanto, o princípio permanece: o planejamento é essencial para garantir a qualidade do gasto público. Independentemente do contexto, seja em uma pequena cidade, seja em um município maior e mais rico, o planejamento continua sendo imprescindível para a gestão eficaz.

PMDI: O PLANEJAMENTO DE LONGO PRAZO EM MINAS GERAIS

Em Minas Gerais, o planejamento governamental de longo prazo está previsto na Constituição Mineira de 1989 (art. 231) e se estabelece por meio do Plano Mineiro de Desenvolvimento Integrado (PMDI). O PMDI estabelece objetivos e diretrizes estratégicas que se estendem aos planos de curto e médio prazo, como o Plano Plurianual de Ação Governamental.

Por sua concepção abrangente, o PMDI articula as ações e os programas formulados pelos órgãos do governo, conferindo coerência aos processos decisórios e níveis satisfatórios de coordenação e integração de determinado projeto político. Nesse sentido, o PMDI promove a articulação entre os diversos planos de curto e médio prazo, estabilizando uma política de longo prazo em torno dos permanentes problemas e oportunidades do estado. Isso pressupõe uma alocação estratégica pautada pela clareza de prioridades, constituindo, assim, um instrumento de transformação social e promoção de um ambiente favorável ao desenvolvimento sustentável.

Durante minha exposição no painel com o ministro Antônio Anastasia, mencionei o PMDI como exemplo de planejamento de longo prazo no Brasil, refletindo teoricamente sobre aquele momento que havia vivido na prática enquanto prefeito. Anastasia, então, compartilhou suas memórias, lembrando que a inclusão do PMDI na Constituição mineira foi uma articulação do professor Paulo Neves de Carvalho. Ele destacou que se lembrava bem deste período, pois trabalhara na assessoria jurídica da Assembleia Legislativa durante a constituinte mineira.

Lembro-me bem do PMDI de 2011, quando Antônio Anastasia era governador. Na época, participei de várias reuniões como prefeito de Itaguara, discutimos intensamente as diretrizes e prioridades do plano, sobretudo nas questões concernentes à governança metropolitana. O PMDI 2011-2030 coordenava 31 grandes projetos estruturadores do governo. Entre as grandes metas destacadas, estavam a superação da pobreza, a diminuição das desigualdades regionais, a melhoria dos níveis de educação, a melhoria do atendimento à saúde, o aprimoramento dos índices de combate à violência e o combate às drogas.

O PODER DO PLANEJAMENTO
CONTEXTOS, REFLEXÕES E ESTRATÉGIAS PARA A EXCELÊNCIA NA GESTÃO PÚBLICA

O plano possuía uma visão clara ao fim dos 20 anos: "Tornar Minas Gerais o melhor estado para se viver" — para isso, era necessário um esforço contínuo e abrangente. Aquele plano dividia-se em quatro partes: a primeira traçava a evolução de Minas Gerais, abordando os avanços observados no estado nos campos econômico, social e ambiental (alinhado com os avanços observados no Brasil naquele período), bem como os entraves ao seu desenvolvimento sustentável.

A segunda parte do PMDI lançava um olhar para o futuro, com uma análise prospectiva das tendências e incertezas para o desenvolvimento de Minas Gerais, identificando os principais fatores externos e internos que poderiam influenciar a trajetória do estado nos próximos 20 anos.

A terceira parte consolidava a estratégia de desenvolvimento, delineando uma visão de futuro para Minas Gerais em 2030 e os desafios a serem superados. Esta visão era desdobrada segundo o enfoque de Redes de Desenvolvimento Integrado, abordando a situação atual, metas, objetivos estratégicos, indicadores e estratégias necessárias para alcançar os resultados planejados.

A última parte esboçava a regionalização da estratégia, caracterizando economicamente e socialmente as regiões de planejamento, delineando o modelo de governança para viabilizar a gestão regionalizada e participativa, estabelecendo os indicadores e as metas regionalizadas nas áreas da saúde, educação e segurança.

O desafio era traduzir essa estratégia em ações e resultados concretos para os cidadãos, buscando tornar Minas Gerais o melhor estado para se viver. Esse plano foi aprovado pela Assembleia Legislativa de Minas Gerais sob a forma da Lei Estadual n.º 20.008, de 4 de janeiro de 2012.

O Plano Mineiro de Desenvolvimento Integrado foi mencionado para ilustrar a importância do planejamento de longo prazo na gestão pública de excelência. Foi contextualizada sua relevância técnica e política, destacando-o como um instrumento de médio/longo prazo que complementa o planejamento previsto na Constituição Federal. Enquanto a Constituição de 1988 estabelece o Plano Plurianual com um ciclo de quatro anos, o PMDI, elaborado a cada 20 anos, demonstra a existência de um planejamento de longo prazo no Brasil. Este plano pode propiciar uma visão estruturada do futuro, alinhando políticas públicas de forma sustentável. No entanto, o PMDI não é imune a equívocos e, por isso, necessita de constantes atualizações e realinhamentos para ajustar-se às mudanças sociais, econômicas e ambientais. É fundamental que este plano seja efetivamente participativo, envolvendo a sociedade em todas as etapas de elaboração e implementação.

Agora, será abordado o segundo pilar fundamental para a gestão de excelência: a coordenação.

COORDENAÇÃO: SINERGIA ADMINISTRATIVA E POLÍTICA

A coordenação é identificada como o segundo pilar para o sucesso governamental. Para que o planejamento se traduza em ações concretas e eficazes, é imprescindível uma coordenação eficiente entre os diferentes órgãos e agentes do governo. A falta de coordenação pode resultar em esforços duplicados, em desperdício de recursos e, ainda mais grave, na ineficácia na entrega de serviços públicos. Uma coordenação bem estruturada permite que todas as frentes de atuação do governo trabalhem em harmonia, direcionando esforços para objetivos comuns e evitando sobreposições desnecessárias.

A coordenação na gestão pública deve ser tanto política quanto técnica. A coordenação política assegura que as decisões e prioridades estratégicas do governo estejam alinhadas e sejam apoiadas pelas lideranças políticas, promovendo coesão e compromisso com as metas estabelecidas. A coordenação técnica, por outro lado, garante que os aspectos operacionais e administrativos sejam geridos de maneira eficiente, utilizando dados, ferramentas e metodologias apropriadas para alcançar os objetivos governamentais.

A interação entre a coordenação política e técnica cria um ambiente em que as políticas públicas são implementadas de maneira integrada e coerente, resultando em um uso otimizado dos recursos e na maximização dos impactos positivos para a sociedade. Essa sinergia é essencial para enfrentar a complexidade dos desafios contemporâneos e garantir que as ações governamentais sejam estrategicamente orientadas e tecnicamente executáveis.

A coordenação eficaz na gestão pública funciona como uma sinfonia bem executada, com a política definindo a melodia e a técnica garantindo a precisão. Esse equilíbrio é fundamental para uma administração pública eficiente e integrada.

Agora vamos explorar o terceiro pilar da gestão pública: a importância de uma agenda bem definida.

AGENDA: PRIORIDADES CLARAS E BEM-DEFINIDAS

A definição clara de prioridades foi apontada como o terceiro pilar fundamental. Anastasia argumentou que a agenda governamental, composta por uma lista de prioridades e projetos definidos, é essencial para que os recursos sejam direcionados às áreas de maior impacto social e econômico. Uma agenda bem-estruturada serve como um guia estratégico para todas as ações governamentais, garantindo que os esforços estejam sempre alinhados com as necessidades da população e com os objetivos do governo.

A agenda é mais do que uma simples lista de tarefas; é um mapa estratégico que orienta as ações e decisões do governo. A clareza na definição das prioridades ajuda a evitar desperdícios e assegura que os recursos sejam aplicados nas áreas mais críticas, promovendo um impacto positivo na sociedade. A clareza na definição das prioridades evita desperdícios e assegura que os recursos sejam aplicados nas áreas mais críticas.

EQUIPE: COMPETÊNCIA E INTELIGÊNCIA EMOCIONAL

O último pilar abordado foi a importância de uma equipe bem estruturada. Durante o painel, Anastasia fez uma observação particularmente relevante: "É *melhor contar com uma pessoa competente, mesmo que não seja muito acima da média, do que com um gênio desequilibrado*". O ministro destacou a importância de se aliar inteligência emocional e competência técnica na formação de equipes governamentais, acrescentando que "*uma pessoa desequilibrada pode contaminar toda a equipe e desajustar o próprio governo*".

A capacidade de trabalhar em equipe, de gerir conflitos e de manter um ambiente de trabalho saudável são tão ou mais importantes quanto as habilidades técnicas dos gestores públicos. Uma equipe coesa e equilibrada é capaz de enfrentar desafios complexos e encontrar soluções inovadoras para os problemas governamentais, destacando a relevância da inteligência emocional na administração pública.

Esse enfoque na formação de equipes governamentais não é comum em manuais tradicionais de planejamento. Por isso, este livro oferece uma perspectiva singular na medida em que combina aspectos práticos e vivenciais com reflexões teóricas. A formação de equipes competentes e emocionalmente equilibradas é fundamental para garantir que as políticas públicas sejam implementadas de maneira eficaz e eficiente.

Anastasia também trouxe uma visão realista sobre as dificuldades inerentes à gestão pública, observando que governos "têm tudo para dar mais errado do que certo" por uma série de razões, incluindo a complexidade dos problemas enfrentados e as limitações de recursos. No entanto, a adoção dos quatro pilares — planejamento, coordenação, agenda e equipe — fornece uma base sólida que aumenta significativamente as chances de sucesso. Ainda assim, ele ressaltou que o sucesso de um governo é multifatorial e não depende exclusivamente desses fatores, embora eles sejam essenciais para a construção de uma administração eficaz.

Durante nossas discussões, Anastasia e eu concordamos que o governo de Juscelino Kubitschek foi um exemplo de sucesso que incorporava esses quatro pilares. JK soube equilibrar técnica e política, coordenar diferentes frentes de ação, definir uma agenda clara com projetos emblemáticos, como o Plano e Metas e a construção de Brasília, e formar uma equipe competente e coesa. Seu governo deixou um legado duradouro que é frequentemente citado como um modelo de gestão pública eficaz no Brasil.

A POLÊMICA PROPOSTA DE EXTINÇÃO DO PPA

O ex-senador Anastasia lembrou-nos, em sua apresentação, uma das mais polêmicas propostas apresentadas nos últimos anos que extinguiria um dos mais importantes e tradicionais instrumentos de planejamento governamental do país: o Plano Plurianual de Ação Governamental.

O PODER DO PLANEJAMENTO
CONTEXTOS, REFLEXÕES E ESTRATÉGIAS PARA A EXCELÊNCIA NA GESTÃO PÚBLICA

O Plano Plurianual, previsto no art. 165 da Constituição Federal, foi criado como o principal instrumento de planejamento estratégico da administração pública no Brasil. Sua função é organizar, de maneira regionalizada, as diretrizes, objetivos e metas governamentais, especialmente no que diz respeito às despesas de capital e aos programas de duração continuada. Contudo, apesar de sua importância teórica, o PPA não tem se consolidado, na prática, como uma ferramenta eficaz de implementação das prioridades governamentais. Embora em muitos casos, ele tenha sido relegado a uma formalidade burocrática, desconectada da execução orçamentária e das necessidades de planejamento estratégico reais da gestão pública, o fato é que o PPA constitui uma das ferramentas mais importantes previstas no ordenamento jurídico brasileiro para a consecução de políticas públicas eficientes e monitoráveis. Sua positivação na Constituição Federal é a formalização da importância fulcral do planejamento público para o Estado brasileiro.

Em 2020, foi apresentada a Proposta de Emenda à Constituição (PEC) n.º 188, que sugeria a extinção do PPA. O PPA, estabelecido pela Constituição Federal de 1988, foi concebido para garantir a continuidade e a coerência das políticas públicas ao longo de um período de quatro anos, integrando as metas e objetivos da administração pública com o orçamento governamental. A extinção do PPA, conforme proposta pela PEC 188, representaria um significativo retrocesso na capacidade do Estado de planejar de forma estratégica e de assegurar a estabilidade das ações governamentais (Brasil, 1988a).

Desde os anos 1990, o PPA tem sofrido um processo de enfraquecimento, resultado da adoção de modelos de gestão inspirados na Nova Gestão Pública [*New Public Management* (NPM)]. Esses modelos priorizaram a eficiência fiscal e o controle orçamentário de curto prazo, em detrimento de um planejamento estratégico de médio e longo prazo. Como consequência, o PPA passou a ser encarado como um mero formalismo, sem o impacto substancial necessário para orientar o direcionamento das políticas públicas de maneira efetiva e coerente com os objetivos de longo prazo do Estado (Souza, 2000).

A promulgação da Lei de Responsabilidade Fiscal em 2000 também contribuiu para a marginalização do PPA. Embora a LRF tenha incluído o planejamento como um de seus pilares, o foco predominante na geração de superávits primários e na disciplina fiscal de curto prazo acabou por desvalorizar o PPA, quando se analisa o Orçamento da União. A LRF privilegiou o controle fiscal imediato, relegando ao PPA um papel secundário, mais voltado ao cumprimento formal de exigências legais do que ao planejamento estratégico efetivo das ações governamentais (Oliveira, 2004b).

Além disso, a ausência de uma Nova Lei de Finanças Públicas, como prevista pela Constituição, agravou ainda mais a situação. Sem um suporte legal robusto, o PPA foi gradualmente subutilizado, tornando-se, em muitos casos, um mero rito cerimonial. Conforme aponta Scaff (2020), a proposta de extinção do PPA presente na PEC 188 deve ser vista como a culminação desse processo de desvalorização do planejamento de médio prazo no Brasil. Se aprovada, essa mudança poderia trazer sérias consequências para a capacidade do Estado de realizar um planejamento eficaz e sustentável, comprometendo a implementação de políticas públicas que atendam de forma adequada às necessidades da sociedade.

A polêmica proposta de extinção do PPA representa um preocupante sintoma de tentativa de desmonte do planejamento público no Brasil. Mais do que uma medida técnica, essa iniciativa política é a representação da ameaça à capacidade do Estado de planejar e implementar políticas de médio/longo prazos, essenciais para o desenvolvimento sustentável e justiça social. Tal proposta reflete como muitos atores políticos defendem uma gestão imediatista, desvinculada de compromissos estratégicos e intertemporais — o que, consequentemente, fragiliza a articulação e a continuidade de políticas públicas. O debate em torno dessa extinção deve ser visto como um alerta para os riscos de fragmentação das ações governamentais e para as possíveis implicações para a estrutura democrática do país, que depende de um planejamento robusto e orientado ao bem-estar coletivo.

CONSEQUENCIALISMO JURÍDICO E GESTÃO PÚBLICA EFICAZ

Anastasia e eu compartilhamos mais do que reflexões sobre os pilares da gestão pública; nossas trajetórias profissionais também dialogam de maneira interessante. Ambos lecionamos Direito Administrativo — ele como professor efetivo na Universidade Federal de Minas Gerais (UFMG) e eu como professor assistente na pós-graduação da Pontifícia Universidade Católica de Minas Gerais (PUC Minas). Essa atuação no meio acadêmico nos dota de uma visão técnica aliada a um senso crítico político e jurídico — isto é, nossos olhares analisam de maneira peculiar os complexos mecanismos da administração pública.

Sobre o momento atual do Direito Administrativo, tem-se observado que o enfoque sancionador está cedendo espaço ao chamado consequencialismo jurídico. Enquanto o Direito Administrativo Sancionador foca a aplicação de sanções para infrações administrativas, o Direito Administrativo Consequencialista concentra-se nos resultados práticos e nos impactos das decisões administrativas. Esse novo enfoque busca assegurar que as políticas públicas não sejam apenas legalmente corretas, mas também eficazes no que tange aos seus resultados sociais.

Autores como Gustavo Binenbojm e Rafael Oliveira têm explorado essa nova abordagem. Binenbojm observa que "a administração pública deve ser orientada não apenas pelo princípio da legalidade, mas também pela busca de resultados eficientes que atendam ao interesse público" (Binenbojm, 2016). Rafael Oliveira complementa essa visão afirmando que "a eficácia das políticas públicas deve ser avaliada a partir de seus impactos concretos na sociedade, e não apenas pelo cumprimento estrito de normas" (Oliveira, 2018).

Anastasia e eu somos frequentemente caracterizados como tecnocratas, no sentido de que possuímos um conhecimento técnico sólido aliado a uma compreensão prática. Essa combinação de teoria e prática nos permite abordar a administração pública com uma visão integrada, focada não apenas na conformidade legal, mas também nos resultados das ações governamentais.

As reflexões e percepções compartilhadas durante o painel "Construindo Planos para a Gestão 2025-2029" ampliaram minha compreensão sobre a administração pública e ajudaram a moldar a estrutura deste capítulo. Essa visão do consequencialismo jurídico é vital para garantir que a administração pública não se limite a seguir normas, mas busque, acima de tudo, gerar benefícios reais para a sociedade.

Incorporar esses pilares nas práticas de gestão pública não só garante a execução de políticas de qualidade, mas também promove a confiança da população nas instituições governamentais. Ao seguir esses princípios, podemos enfrentar os desafios atuais e construir um futuro sólido para nossas comunidades, deixando um legado duradouro e positivo.

EM SÍNTESE

Valendo-se de um diálogo teórico-prático, este capítulo permitiu uma reflexão sobre o papel central do planejamento na administração pública, ressaltando sua complexidade e a indispensabilidade de uma abordagem adaptativa. Por isso, explorou-se a complexa relação entre planejamento e governança na administração pública, demonstrando que o planejamento vai além da simples elaboração de documentos formais, configurando-se como um processo contínuo de reflexão crítica, adaptação estratégica e realinhamento de metas. Conforme abordado por Carlos Matus, o planejamento foi compreendido como uma capacidade central do governo, que deve integrar múltiplas perspectivas e se adaptar às complexidades culturais, sociais e políticas, com o objetivo de orientar as ações governamentais de maneira eficaz, promovendo um legado que transcenda as demandas imediatas e priorize o bem comum.

Ao longo do texto, foram incorporadas as reflexões provenientes de um painel em que participei ao lado do ministro do TCU, Antônio Anastasia, em que discutimos a importância de pilares fundamentais como o planejamento, a coordenação, a agenda e a equipe para a construção de uma gestão pública eficaz. Anastasia sublinhou que o planejamento deve ser entendido como um processo dinâmico e contínuo, essencial para enfrentar as incertezas e desafios contemporâneos. Sua abordagem reforçou a ideia de que o sucesso governamental exige uma articulação estratégica sensível às particularidades de cada contexto, evitando a adoção de soluções genéricas.

O PODER DO PLANEJAMENTO
CONTEXTOS, REFLEXÕES E ESTRATÉGIAS PARA A EXCELÊNCIA NA GESTÃO PÚBLICA

No próximo capítulo, aprofundaremos a aplicação do planejamento estratégico na gestão pública, com foco nas metodologias que possibilitam a transformação de planos em ações concretas e eficazes. Serão exploradas as particularidades do setor público, diferenciando-o das práticas corporativas, e discutidas as estratégias necessárias para enfrentar os desafios contemporâneos. O capítulo abordará também a importância da coordenação interinstitucional e do engajamento da sociedade civil, oferecendo uma visão crítica e prática de como o planejamento pode ser utilizado para promover políticas públicas sustentáveis, justas e orientadas por resultados.

5
GESTÃO PÚBLICA:
O TERRENO DO PLANEJAMENTO

Além da dimensão técnica, a dimensão política é a chave para a eficácia do processo e deve ser situada nos marcos da democracia por meio de uma gestão pública de qualidade, eficaz, eficiente, honesta, transparente, que preste contas e dialogue com a sociedade civil para resolver os problemas nacionais.
(Carneiro; Menicucci, 2013, p. 166)

Gestão Pública é a arte e a ciência de administrar os recursos e serviços destinados ao bem comum. Mais do que uma simples aplicação de técnicas administrativas, ela envolve o compromisso de planejar, organizar e dirigir ações que atendam às necessidades da sociedade, sempre com transparência e eficiência. Em um cenário demarcado pela crescente complexidade das demandas sociais, os gestores públicos são convocados a agir com visão estratégica, equilíbrio e sensibilidade, buscando soluções que promovam o bem-estar coletivo. Um ponto central na gestão pública contemporânea é a necessidade de unir conhecimento técnico e responsabilidade ética, criando um ambiente caracterizado pela supremacia do interesse público.

Neste capítulo, a gestão pública é abordada como o terreno em que se articulam as complexidades e as particularidades da administração governamental, configurando-se como uma disciplina essencialmente transdisciplinar, que integra e harmoniza saberes do Direito, da Ciência Política, da Economia, da Administração e de outras áreas do conhecimento. Ao contrário da gestão privada, cujo objetivo primário é a obtenção do lucro, a gestão pública está intrinsecamente vinculada ao compromisso com o interesse coletivo e à promoção da justiça social, exigindo um duplo viés: a eficiência técnica e a atuação ética e politicamente responsável.

As próximas páginas oferecem uma análise crítica das interações entre técnica e política, revelando como essas forças convergem e, por vezes, entram em tensão na prática administrativa, impactando diretamente a formulação e a execução das políticas públicas. Ao contrastar as convergências e divergências entre os modelos de gestão público e privado, enfatiza-se a necessidade de uma abordagem que transcenda a simples eficiência operacional, adotando uma postura que privilegie a equidade, a transparência e o compromisso com os princípios democráticos. Assim, este capítulo convida o leitor a refletir sobre a gestão pública não apenas como uma prática administrativa, mas como um campo essencial para a construção de uma sociedade mais justa, equitativa e bem governada, em que as decisões técnicas são indissociáveis das responsabilidades políticas e sociais que as circundam.

Quando se aborda o tema do planejamento neste livro, o foco recai sobre o planejamento inserido no contexto público. Embora o planejamento no âmbito empresarial seja brevemente mencionado em algumas passagens, isso ocorre com o objetivo de esclarecer o conceito em sua essência. A partir deste ponto, a atenção direciona-se majoritariamente ao planejamento no contexto governamental. O termo "majoritariamente" é empregado porque, em determinadas circunstâncias, o conceito de planejamento se revela aplicável tanto ao setor público quanto ao privado. É importante ressaltar que isso não exclui o uso de referências bibliográficas comuns à administração empresarial; contudo, o enfoque permanecerá centrado na gestão pública.

A Gestão Pública, campo do planejamento que é objeto de estudo neste livro, destaca-se como uma área essencialmente transdisciplinar. Ela não se limita isoladamente à Administração, à Ciência Política, ao Direito, à História, à Economia, à Contabilidade, à Ciência Social ou à Filosofia, embora exista em interação com, além de e por meio dessas disciplinas. Ao longo da história, a reflexão e a prática em Gestão Pública transitam por essas disciplinas, mesmo que nunca se restrinjam aos padrões de uma única delas. Um ponto de destaque, desde o início, é que, para fins didáticos, consideramos gestão pública e administração pública como sinônimos, embora existam definições distintas, sendo comum a primeira ser tratada

O PODER DO PLANEJAMENTO
CONTEXTOS, REFLEXÕES E ESTRATÉGIAS PARA A EXCELÊNCIA NA GESTÃO PÚBLICA

como subordinada à segunda. No entanto, essa distinção não será relevante para nossos propósitos, e trataremos ambos os termos como conceitos sinônimos.

Qual, então, seria a essência da Gestão Pública? A resposta a essa questão reside na harmonia essencial entre a habilidade técnica e a esfera política no desdobramento concreto dessa disciplina. A Gestão Pública configura-se como uma ciência social aplicada, voltada para a solução de questões sociais por meio da análise de evidências, pesquisa aplicada e geração de conhecimento científico. Enquanto disciplina aplicada, o seu propósito social consiste em compreender de que maneira os resultados científicos podem ser convertidos em soluções pragmáticas. Isso implica desvendar como as evidências podem ser empregadas para aprimorar a análise de problemas, construir modelos explicativos, formular teorias e apresentar alternativas de intervenção tecnicamente viáveis, cujo desempenho seja suscetível a avaliação e melhoria contínua.

Também se deve dizer que a Gestão Pública, embora não fosse conhecida com esse nome, é um campo do conhecimento bastante tradicional do pensamento ocidental, cuja origem, como não poderia deixar de ser, remonta aos antigos filósofos e pensadores políticos que deram início à reflexão sobre a natureza e as funções do governo, dois séculos antes de Cristo, especialmente Platão e Aristóteles, dois dos maiores clássicos da Filosofia Política até os dias de hoje.

Na Idade Moderna, com o desenvolvimento do Estado, a Gestão Pública passa a combinar a função governamental regulatória, por meio da dimensão legal-institucional (vinculada ao Direito Público), à função burocrática, da Administração Pública, por meio da administração das organizações públicas (vinculada à Administração). Este é o período do surgimento do cameralismo na Europa, época em que especialistas eram contratados, principalmente na Alemanha e na Áustria, para atuar no planejamento e na gestão das políticas governamentais. Contemporaneamente, o artigo seminal da Administração Pública, escrito por Woodrow Wilson em 1887, defendendo uma administração científica do governo, antecedeu em mais de 20 anos os princípios da administração científica empresarial de Frederick Taylor, publicado em 1911.

Ademais, é fundamental salientar que a Gestão Pública, como disciplina acadêmica de caráter teórico e prático, incorpora uma dupla abordagem:

1. Positiva, que se concentra na descrição e explicação do fenômeno conforme ele se apresenta; e

2. Normativa, que prescreve intervenções de acordo com o que ele deveria ser.

Nota-se a importância fulcral do planejamento no contexto da Gestão Pública, uma vez que ele desempenhará o papel de orientação e organização de ações governamentais e políticas públicas, de cujo conceito específico também trataremos nesta obra, ainda que brevemente, uma vez que é impossível compreender a função do planejamento na gestão pública sem uma compreensão mínima acerca do conceito e aplicabilidade das políticas públicas na contemporaneidade.

Outro ponto essencial a ser elucidado é que a Administração Pública, como se pode depreender pela nomenclatura, é intrinsecamente vinculada ao caráter público, sendo praticamente impossível e democraticamente indesejável dissociá-la da esfera política. Além disso, é importante reconhecer que o poder político sempre prevalece sobre o administrativo, tornando ingênuo qualquer esforço para contorná-lo (Sharkansky, 1979). A concepção ilusória de que a organização pública pode funcionar como uma ferramenta capaz de superar a influência política surge quando se tenta resolver os conflitos inerentes ao pluralismo dos grupos políticos por meio de estratégias administrativas (Motta, 1987). Qualquer abordagem gerencial inspirada unicamente no setor privado inevitavelmente encontra limitações impostas pelo cenário político, tornando-se, assim, ingenuamente inadequada e até mesmo poderia ser considerada uma abordagem autoritária.

DIVERGÊNCIAS E CONVERGÊNCIAS ENTRE A GESTÃO PÚBLICA E A GESTÃO PRIVADA

A gestão pública e a gestão privada manifestam divergências consideráveis, porém também compartilham convergências relevantes. A seguir, abordaremos alguns dos pontos que promovem a similaridade entre essas duas formas de gestão. Posteriormente, dedicaremos atenção às distinções que as caracterizam.

Ambas empregam técnicas como planejamento, controle, organização e direção. Além disso, também são observados nos dois casos princípios de motivação e liderança.

Outro ponto importante é que ambas enfrentam pressões do ambiente externo, incluindo fatores econômicos, políticos e sociais. Não há dúvidas de que as pressões são muito mais intensas e constantes na gestão pública, mas, se pensarmos, por exemplo, em uma empresa poluidora, perceber-se-á que ela também está sujeita a diversas pressões externas.

Para ilustrar essa dinâmica, podemos considerar uma empresa que atua no setor de produção de plásticos. Essa empresa, ao mesmo tempo que está sujeita às regulamentações ambientais e pressões sociais crescentes para reduzir a poluição e adotar práticas sustentáveis, também enfrenta desafios econômicos e políticos.

Por exemplo, a empresa pode ser afetada por mudanças nas políticas governamentais relacionadas à gestão de resíduos ou por flutuações nos preços de matérias-primas petroquímicas, essenciais para a produção de plásticos. Além disso, a conscientização crescente da sociedade em relação à poluição plástica pode influenciar as escolhas dos consumidores, impactando diretamente os resultados financeiros da empresa.

Desse modo, tanto na gestão pública quanto na iniciativa privada, é evidente que as pressões externas exercem influência significativa, moldando estratégias e decisões em busca de equilíbrio entre interesses econômicos, sociais e ambientais.

A quarta similaridade refere-se às práticas de governança corporativa, com ênfase na responsabilidade social. Tanto as organizações públicas quanto as privadas devem dedicar atenção especial à sustentabilidade social e ambiental, assumindo direitos e deveres perante a coletividade. Além disso, são essenciais outros aspectos, como integridade, transparência, equidade e responsabilização (*accountability*). O executivo de uma organização pública também está sujeito a todos esses princípios.

Sobre a transparência, embora seja um ponto em comum, é inequívoco que este aspecto abrange exigências legais mais rigorosas para o setor público. Por exemplo, as empresas privadas não são obrigadas a divulgar na internet informações a respeito da remuneração de seus dirigentes ou a sua lista de fornecedores, ao contrário do que ocorre no âmbito público, por força de lei[8].

Quanto às diferenças, é válido ressaltar o ponto mais distintivo: a administração pública possui como meta primordial promover o bem-estar da sociedade e salvaguardar o interesse público, ao passo que as empresas visam à obtenção de lucros. As organizações privadas almejam a lucratividade e a sustentabilidade financeira, enquanto a administração pública visa gerar valor para a sociedade e assegurar o desenvolvimento sustentável, promovendo o bem-estar da comunidade. Adicionalmente, é pertinente observar que, enquanto as empresas dependem dos clientes para suas receitas, os governos contam principalmente com os tributos como fonte de arrecadação.

No segundo aspecto, observa-se que as empresas operam em ambientes competitivos, sujeitas à escolha dos clientes, enquanto os governos frequentemente atuam em monopólios, oferecendo poucas alternativas de escolha para os cidadãos. Além disso, a dinâmica de controle varia, uma vez que os governos são controlados pelos cidadãos, enquanto as empresas privadas são regidas pelo mercado.

O terceiro ponto relevante é que a administração pública segue princípios constitucionais e normas legais, diferentemente da gestão privada, que não possui essa exigência. Isso significa que o gestor privado pode realizar ações não proibidas por lei, enquanto o gestor público deve agir estritamente dentro dos limites legais.

---

[8] No que tange a esse assunto, é relevante observar o Tema 483 do Supremo Tribunal Federal (STF), que aborda especificamente a divulgação, em sítio eletrônico oficial, de informações relacionadas a servidores públicos, incluindo seus nomes e respectivas remunerações. Esse tema consolidou a seguinte tese desde 2015: É legítima a publicação, até mesmo em sítio eletrônico mantido pela Administração Pública, dos nomes dos seus servidores e do valor dos correspondentes vencimentos e vantagens pecuniárias.

O PODER DO PLANEJAMENTO
CONTEXTOS, REFLEXÕES E ESTRATÉGIAS PARA A EXCELÊNCIA NA GESTÃO PÚBLICA

O quarto ponto de diferenciação reside no tratamento de mercado, e, no setor privado, há estratégias de segmentação, enquanto na gestão pública a isonomia impede a discriminação entre grupos de pessoas.

Vamos explorar o setor educacional como um exemplo para destacar este ponto:

No setor privado de educação, uma escola particular tem a possibilidade de adotar estratégias de segmentação ao oferecer diferentes programas ou cursos personalizados. Por exemplo, ela pode ter programas específicos para preparação de exames, cursos extracurriculares especializados e opções de ensino bilíngue. Cada um desses programas é projetado para atender às necessidades específicas de diferentes grupos de alunos, proporcionando uma abordagem mais segmentada.

Por outro lado, na gestão pública da educação, o princípio da isonomia impede a discriminação entre os alunos. Todos os estudantes, independentemente de sua origem socioeconômica ou outras características individuais, devem ter acesso igualitário a uma educação de qualidade. As políticas educacionais públicas visam garantir que cada aluno receba tratamento justo e oportunidades iguais para desenvolver seu potencial, promovendo, assim, a equidade no acesso à educação.

A complexidade do papel dos administradores públicos é evidente, pois, além de gerir eficientemente, devem contribuir para a expansão dos compromissos políticos da sociedade. A teoria política, muitas vezes negligenciada, é fundamental para compreender como as organizações públicas contribuem para o crescimento de uma sociedade democrática.

Comparar a eficiência entre setor privado e público é comum, mas é importante destacar que gestores públicos não desfrutam da mesma autonomia decisória. Compreender as diferenças e complexidades nos processos decisórios é essencial para uma avaliação objetiva.

A natureza não lucrativa do setor público o orienta a servir o conjunto da sociedade, enquanto o setor privado, centrado no lucro, atende às demandas individuais. A administração pública é guiada pela equidade, buscando justiça e imparcialidade, ao passo que o setor privado prioriza a eficiência e o retorno financeiro.

A ideia de transferir diretamente práticas e habilidades de gerenciamento privado para tarefas de gerenciamento público, a fim de obter melhorias significativas, não encontra nenhum respaldo na literatura, tampouco nos estudos de caso e observações práticas. O aprimoramento do desempenho em funções administrativas públicas pode ser alcançado; não por meio da implantação aleatória de metas e habilidades específicas da gestão privada, mas sim pela articulação da função de gestão geral e pela conscientização acerca da perspectiva da gestão pública ao longo da história.

Comparar os setores público e privado muitas vezes gera debates sobre qual deles seria melhor em termos de eficiência. O desafio vai além de criar sistemas administrativos, incluindo como gerenciar programas e tomar decisões políticas dentro do governo. Também é importante lidar com as interações com empresas privadas, considerando os interesses envolvidos.

Mintzberg (1996) concluiu que não há um modelo de gestão superior. Empresas não podem aprender apenas com o governo, e vice-versa. Ambos têm muito a aprender com cooperativas e outras organizações. Mesmo que os valores do setor privado também influenciem a sociedade, é crucial equilibrar os setores público e privado para promover o bem comum.

O entendimento dessas nuances é fundamental para avaliações mais abrangentes e objetivas a fim de se evitar cair nas costumeiras falácias do senso comum.

O PODER DO PLANEJAMENTO
CONTEXTOS, REFLEXÕES E ESTRATÉGIAS PARA A EXCELÊNCIA NA GESTÃO PÚBLICA

Quadro 2 – Alguns dos principais aspectos diferenciadores entre a gestão pública e a gestão privada

ASPECTO	GESTÃO PÚBLICA	GESTÃO PRIVADA
Objetivo Principal	Promover o bem-estar da sociedade e salvaguardar o interesse público.	Obter lucro.
Pressões Externas	Intensas e constantes, especialmente de natureza política, econômica e social.	Também enfrenta pressões externas, como regulamentações, flutuações econômicas e demandas sociais.
Fonte de Receita	Principalmente tributos, sujeitos ao controle externo, controle interno e controle social — e a consequente apresentação de prestação de contas regularmente.	Receitas provenientes dos clientes, sujeitas às leis de mercado.
Ambiente Operacional	Opera principalmente em setores essenciais regulados, onde a oferta é geralmente monopolista ou oligopolista.	Atua em ambientes competitivos, onde a escolha dos clientes é decisiva.
Base Legal e Regulamentar	Estritamente vinculada a princípios constitucionais e normas legais, limitando a autonomia decisória.	Deve cumprir a legislação vigente, mas possui maior flexibilidade e autonomia nas decisões.
Governança e Responsabilidade	Enfatiza responsabilidade social, transparência, integridade, equidade e *accountability*, com exigências legais rigorosas.	Também valoriza esses princípios, mas com menor rigor regulatório, especialmente em termos de transparência.
Tratamento de Mercado	Segue o princípio da isonomia, impedindo discriminação entre grupos de pessoas.	Pode adotar estratégias de segmentação para atender diferentes grupos de clientes.

ASPECTO	GESTÃO PÚBLICA	GESTÃO PRIVADA
Papel Político	Intrinsecamente vinculado ao caráter público e político, buscando expandir compromissos sociais e democráticos.	Focado em objetivos econômicos, com menor interferência política direta.
Eficiência e Autonomia	Busca equilibrar a eficiência com a necessidade de justiça e equidade, resultando em menor autonomia decisória, mas assegurando aderência a princípios de governança pública e cumprimento de obrigações legais.	Prioriza a eficiência e o retorno financeiro, contando com maior autonomia decisória. Enfrenta desafios ao buscar a conciliação da autonomia com a responsabilidade social, ambiental, ética e corporativa, especialmente em setores sob rigorosa observância pública.
Inspiração e Abordagem	Não deve ser inspirada unicamente pelo setor privado, pois as necessidades e pressões são distintas.	Pode adotar práticas de gestão pública em aspectos de responsabilidade social e sustentabilidade.
Complexidade da Função	Alta, exige conciliar gestão eficiente com compromissos políticos e sociais.	Alta, mas focada em eficiência e sustentabilidade financeira.

Fonte: elaborado pelo autor (2024)

ORÇAMENTO PÚBLICO: PROMOTOR DE DESIGUALDADES OU INSTRUMENTO DE TRANSFORMAÇÃO SOCIAL?

O planejamento e o orçamento são dois pilares fundamentais da administração pública, cujas dinâmicas se inter-relacionam de maneira profunda e inseparável. O planejamento orienta as ações do Estado, estabelecendo diretrizes, metas e objetivos, enquanto o orçamento concretiza essas intenções ao alocar os recursos necessários para sua execução. Dessa forma, o orçamento pode ser compreendido como a dimensão financeira do planejamento, um reflexo quantitativo das escolhas políticas e das prioridades do governo.

O Plano Plurianual, a Lei de Diretrizes Orçamentárias e a Lei Orçamentária Anual são os três principais instrumentos do Modelo Orçamentário Brasileiro, instituído pela Constituição Federal de 1988. Cada um deles desempenha um papel específico no ciclo de planejamento e execução das finanças públicas. O PPA é o plano estratégico, que estabelece metas e prioridades para um período de quatro anos, visando o desenvolvimento de políticas públicas de médio e longo prazo. A LDO, por sua vez, atua como um plano tático, conectando o planejamento estratégico do PPA com a execução prática, definindo metas e prioridades para um ano específico. Já a LOA representa a parte operacional, prevendo as receitas e despesas que serão executadas no mesmo período.

Esses três instrumentos estão interligados, e a LDO serve como o elo entre o PPA e a LOA, garantindo que as prioridades de longo prazo sejam refletidas no orçamento anual. Os projetos de lei referentes a esses instrumentos são apresentados pelo chefe do Poder Executivo e passam por análises e possíveis modificações pelo Poder Legislativo Congresso Nacional, onde são votados e aprovados.

A imbricação entre planejamento e orçamento se torna ainda mais relevante quando analisada sob a perspectiva das desigualdades socioeconômicas. Ao planejar e alocar recursos, o governo define quais áreas e setores receberão mais ou menos atenção e investimentos, influenciando diretamente as condições de vida da população. O orçamento público pode tanto promover as desigualdades quanto ser um instrumento transformador, capaz de reduzir disparidades sociais e regionais. Neste contexto, este capítulo explora o papel do orçamento como promotor de desigualdades ou como uma ferramenta transformadora, destacando a importância de um planejamento inclusivo e regionalizado para enfrentar as injustiças sociais e espaciais que marcam o Brasil contemporâneo (Marin; Almeida, 2023).

O planejamento orçamentário desempenha uma função central na forma como o Estado lida com as desigualdades sociais e econômicas. A estruturação do orçamento, ou seja, a maneira como os recursos são distribuídos entre diferentes áreas, é um reflexo direto das prioridades políticas estabelecidas pelo planejamento. Como afirmam Melo (2021) e Ventura (2020), o planejamento e o orçamento não são neutros. Eles expressam uma disputa política que reflete quais grupos sociais são priorizados e quais são marginalizados.

Em um país como o Brasil, em que as desigualdades sociais e regionais são históricas e profundas, a ausência de um planejamento orçamentário inclusivo tende a reproduzir essas disparidades. Sem um olhar atento para as necessidades das regiões periféricas e para os grupos mais vulneráveis, o orçamento reforça as desigualdades já enraizadas, alocando recursos de maneira desproporcional entre os setores e regiões (Avelino; Santos; Bezerra, 2022).

Uma das principais críticas ao modelo de alocação orçamentária no Brasil é o seu caráter incrementalista. Segundo Alves (2016), o orçamento é frequentemente elaborado com base nos valores planejados ou executados no ano anterior, com pequenas variações incrementais. Essa prática tende a favorecer áreas mais desenvolvidas, onde os investimentos já são historicamente maiores, em detrimento das regiões periféricas e vulneráveis, que permanecem desassistidas. Esse modelo de alocação de recursos, ao não considerar as desigualdades regionais e socioeconômicas, contribui para a perpetuação das disparidades entre as regiões mais ricas e as mais pobres.

Em cidades como São Paulo, essa lógica se manifesta de maneira particularmente clara. Marin e Almeida (2023) discutem como as desigualdades socioespaciais afetam diretamente a distribuição de recursos públicos, resultando em uma concentração de investimentos nas áreas centrais da cidade, em detrimento das periferias. Houve uma tentativa de regionalização do orçamento paulistano, conforme demonstra a proposta do PPA 2022-2025 — uma tentativa de romper com a lógica incrementalista, ao priorizar o investimento em regiões mais vulneráveis.

A regionalização do orçamento público, como discutida por Marin e Almeida (2023), pode significar uma abordagem disruptivamente inovadora que visa garantir que os recursos sejam alocados de maneira mais equitativa, levando em consideração as especificidades de cada território. Essa estratégia envolve a introdução de critérios geográficos no processo de planejamento orçamentário, permitindo que as regiões mais vulneráveis recebam maior atenção e investimentos. Um exemplo no caso paulistano é a utilização de um Índice de Distribuição Regional do Gasto Público Municipal para guiar a alocação de recursos, priorizando as regiões com maiores déficits de infraestrutura e vulnerabilidade social.

Além disso, a regionalização do orçamento pode abrir espaço para uma maior participação social no processo de planejamento. Como ressaltam Avelino, Santos e Bezerra (2021), a participação cidadã é um elemento essencial para garantir a legitimidade e a eficácia do orçamento público. Quando a sociedade civil é envolvida ativamente na elaboração e no monitoramento do orçamento, as decisões tornam-se mais transparentes e os resultados mais alinhados às necessidades reais da população.

No entanto, a participação social no planejamento orçamentário brasileiro ainda é limitada, sobretudo quando são consideradas as diversas realidades municipais do país. O que se nota muitas vezes é uma restrição e baixo engajamento nas audiências e consultas públicas, majoritariamente denotadas por excessivos formalismos e/ou superficialidades.

O fato é que o orçamento público, enquanto instrumento de concretização das metas e diretrizes estabelecidas pelo planejamento, carrega em si a capacidade de promover ou mitigar as desigualdades. Quando elaborado de forma tecnocrática e centralizada, sem levar em conta as especificidades sociais e regionais, o orçamento tende a reforçar as disparidades existentes. No entanto, se estruturado com base em um planejamento inclusivo e democrático, ele pode atuar como um poderoso instrumento de transformação social.

Ventura (2020) destaca que o planejamento, materializado nas leis orçamentárias, é uma arena de disputas políticas, caracterizando-se pelos diferentes grupos sociais que competem entre si para a definição das prioridades governamentais em suas diferentes instâncias. O planejamento orçamentário precisa se configurar como um espaço de inclusão e participação, no qual grupos historicamente marginalizados possam influenciar as decisões sobre a alocação de recursos.

Pode-se dizer que a democratização do planejamento orçamentário é um dos principais desafios para que o orçamento público se torne um instrumento de inclusão social. Como argumentam Avelino, Santos e Bezerra (2021), o controle democrático sobre o orçamento é essencial para garantir que as políticas públicas reflitam as demandas da sociedade. É preciso romper com a limitação das consultas públicas formais, que não oferecem mecanismos reais de influência sobre as decisões de alocação de recursos, sobretudo diante dos desafios inerentes ao momento histórico vivenciado, caracterizado pela virtualização das relações sociais e baixa adesão aos debates coletivos.

A GESTÃO PÚBLICA MUNICIPAL E O DESENVOLVIMENTO NO CONTEXTO FEDERATIVO BRASILEIRO

Ao longo da construção deste livro, tive o privilégio de ler o trabalho inédito do professor Paulo R. Haddad, que gentilmente aceitou escrever o prefácio desta obra. Seu novo livro, *10 Crônicas sobre o presente e o futuro da economia brasileira*, especialmente o capítulo intitulado "A construção do futuro dos municípios", revela reflexões fundamentais sobre os desafios enfrentados pelos municípios no contexto brasileiro. Haddad aborda temas como a geração de emprego e renda, a distribuição de riqueza, a preservação ambiental e a eficiência da gestão pública, oferecendo uma análise perspicaz sobre as disparidades de desenvolvimento entre as diferentes regiões do país e suas implicações para o futuro dos municípios.

O professor Haddad chama atenção para a desigualdade do desenvolvimento espacial no Brasil, destacando que há um abismo de décadas entre os municípios mais ricos e os mais pobres. Essa desigualdade, segundo ele, não é apenas fruto de condições econômicas exógenas, mas também da falta de organização política e social em muitas regiões para mobilizar seus recursos latentes e promover o desenvolvimento endógeno. Haddad ressalta que a superação desses desafios depende da capacidade das lideranças locais em organizar projetos de desenvolvimento que sejam sustentados por uma mobilização ativa da sociedade civil e das lideranças políticas, com vistas a construir uma base sólida de governança local.

Em diálogo com essas ideias, destaco que o desenvolvimento endógeno é fundamental para romper com a dependência histórica que muitos municípios brasileiros possuem em relação às transferências intergovernamentais, especialmente no contexto da federação brasileira. A Constituição de 1988 conferiu maior autonomia aos municípios, mas, paradoxalmente, essa autonomia muitas vezes se revela limitada pela falta de capacidade fiscal própria e pela dependência de recursos da União e dos estados. Haddad sublinha que essa dependência excessiva dificulta a implementação de projetos locais de longo prazo, visto que as prioridades locais acabam subordinadas às diretrizes macroeconômicas impostas pelo governo central.

Nesse sentido, torna-se crucial que os municípios fortaleçam suas bases fiscais, ampliando a arrecadação de tributos como o IPTU e o ISS, conforme sugere Haddad. Além disso, o ajuste fiscal deve ser estruturado de forma a reduzir a dependência do assistencialismo federal, promovendo uma cultura de responsabilidade tributária local que estimule a transparência na aplicação dos recursos. Tal perspectiva é reforçada pela necessidade de repensar o papel do poder público municipal, que, segundo Haddad, deve se concentrar em funções estratégicas como planejamento, coordenação e negociação, em vez de se sobrecarregar com a execução direta de todos os serviços.

A eficiência na gestão pública, outro ponto levantado pelo professor Haddad, passa por incorporar práticas modernas de administração, como a reengenharia de processos e a implementação de programas de qualidade total, que buscam alinhar o serviço público com as expectativas dos cidadãos. Esse enfoque na eficiência administrativa está diretamente ligado à capacidade de o município planejar seu desenvolvimento de forma sustentável, sem depender exclusivamente de recursos externos. Haddad destaca que a rapidez nas decisões e a exatidão nas ações governamentais são fundamentais para que o município seja capaz de enfrentar os desafios locais com maior agilidade, especialmente em um cenário de crescente competição por recursos.

Ao refletir sobre esses pontos, vejo uma grande convergência com as práticas que proponho neste livro, especialmente no que diz respeito à importância de um planejamento participativo, no qual as lideranças políticas e comunitárias atuem em conjunto para definir prioridades locais e mobilizar os recursos necessários para a implementação de projetos de desenvolvimento. Haddad menciona que o processo de desenvolvimento endógeno só ocorre em ambientes onde há inconformismo com as condições de atraso e que a sociedade civil se organiza para exigir mudanças. Esse inconformismo é o ponto de partida para que o município possa buscar soluções inovadoras, mobilizando suas lideranças locais e criar uma cultura de engajamento social.

Um exemplo claro da aplicabilidade dessas ideias está na proposta de Haddad sobre o associativismo intermunicipal. Em muitas regiões do Brasil, os municípios, isoladamente, não possuem escala econômica ou capacidade técnica suficiente para realizar projetos de grande porte. A formação de consórcios ou associações de municípios surge como uma solução eficaz para superar essas limitações, permitindo que as prefeituras compartilhem recursos e trabalhem de maneira cooperativa em projetos de interesse comum. No entanto, como o autor adverte, o sucesso dessas iniciativas depende da disposição das lideranças locais em adotar uma postura colaborativa, rompendo com a visão isolada e competitiva que muitas vezes prevalece.

É importante destacar, conforme Haddad discute em seu livro, que o desenvolvimento local não deve ser visto apenas sob a ótica econômica. Ele ressalta a importância de incluir as dimensões ambientais e sociais no planejamento, propondo que o crescimento econômico deve estar alinhado com a preservação e recuperação dos recursos naturais. A sustentabilidade ambiental, portanto, é um fator indissociável de qualquer estratégia de desenvolvimento local no Brasil, especialmente em regiões que dependem diretamente de seus ecossistemas, como os municípios mineradores mencionados pelo autor. Haddad argumenta que, nesses casos, o desenvolvimento endógeno deve buscar diversificar a economia local, prevenindo a formação de enclaves econômicos e preparando o município para um futuro pós-exaustão dos recursos.

Além disso, a visão de Haddad sobre a função de negociação no planejamento municipal é extremamente pertinente para o contexto atual. Ele sugere que, dado o quadro de restrições fiscais enfrentado pela maioria dos municípios brasileiros, a capacidade de negociação com organismos nacionais e internacionais se torna uma habilidade essencial para viabilizar projetos de desenvolvimento. Para isso, é necessário que os municípios disponham de diagnósticos precisos sobre seus problemas e potencialidades, além de equipes qualificadas para negociar com agências de fomento e investidores privados. Essa função de negociação, como ele ressalta, deve ser complementada por uma constante reprogramação dos recursos públicos, garantindo que o orçamento municipal esteja sempre alinhado às novas prioridades de desenvolvimento.

No contexto do modelo federativo brasileiro, é importante observar que, embora os municípios sejam reconhecidos como entes federativos com autonomia política, eles frequentemente enfrentam dificuldades em relação à sua capacidade de gerar receitas próprias. A distribuição desigual de recursos entre os entes federativos pode resultar em uma limitação severa para a implementação de políticas públicas eficazes. Como mencionado por Feitosa (2017), a autonomia municipal, consagrada na Constituição, é muitas vezes um mito, pois a maioria dos municípios carece de fontes próprias de receita e é altamente dependente das transferências federais. Essa dependência não apenas compromete a capacidade dos municípios de planejar em longo prazo, mas também limita a inovação nas políticas públicas, já que muitas decisões são tomadas com base nas disponibilidades orçamentárias definidas por níveis superiores de governo.

Além disso, a articulação entre os diversos níveis de governo é essencial para o fortalecimento da gestão pública municipal. O princípio da cooperação federativa, como indicado por Carvalho (2015), enfatiza que os municípios devem buscar parcerias com os estados e a União para o desenvolvimento de projetos que atendam às demandas locais. Essa cooperação é fundamental para garantir que os municípios possam acessar recursos financeiros e técnicos que, de outra maneira, estariam fora de seu alcance. Assim, a construção de redes de colaboração intergovernamentais é um caminho promissor para superar as limitações impostas pelo modelo federativo atual.

O diálogo com as ideias do professor Paulo R. Haddad, e particularmente com o capítulo "A construção do futuro dos municípios", que tive o prazer de ler em primeira mão, enriquece significativamente a discussão que proponho nesta obra. Sua visão sobre o papel estratégico dos municípios no contexto federativo brasileiro, sua ênfase na sustentabilidade fiscal e no desenvolvimento endógeno, e sua defesa de uma gestão pública eficiente e participativa, oferecem uma base sólida para pensar o futuro das cidades brasileiras. O prefácio escrito por Haddad neste livro reflete a convergência dessas ideias e a importância de buscar soluções inovadoras e sustentáveis para os desafios que se apresentam no campo da gestão pública local.

MODELOS CONTEMPORÂNEOS DA GOVERNANÇA PÚBLICA E A TRANSFORMAÇÃO DIGITAL

A evolução da administração pública não é apenas conceitual e histórica. Na prática, sobretudo, a estrutura da administração pública tem passado por transformações importantes, movendo-se da rigidez dos modelos burocráticos tradicionais para abordagens mais flexíveis e participativas. Essa evolução reflete mudanças históricas, sociais e tecnológicas, que demandam uma governança mais adaptável e inclusiva aos novos tempos. Os modelos de governança colaborativa e em rede emergem como respostas interessantes às complexidades do mundo contemporâneo, caracterizado por problemas cada vez mais complexos e multifacetados — exigindo soluções que transcendam as capacidades de um único ator ou setor.

A governança colaborativa se destaca como um modelo que integra diversos atores — governos, empresas, ONGs e a sociedade civil — no processo decisório, promovendo uma gestão pública mais democrática e legítima. Diferentemente do tradicional modelo burocrático weberiano, que centraliza o poder e segue uma hierarquia rígida (Weber, 1991), a governança colaborativa distribui o poder decisório, reconhecendo que a complexidade dos problemas sociais requer uma abordagem que considere múltiplas perspectivas e interesses (Ansell; Gash, 2008).

A prática da governança colaborativa pode ser observada em iniciativas como o Orçamento Participativo, implementado em diversas cidades brasileiras a partir dos anos 1990 e aperfeiçoado nos últimos anos em sua versão digital. Esse mecanismo permite que a população participe ativamente da alocação de recursos públicos, fortalecendo a legitimidade das decisões governamentais e promovendo uma gestão que melhor reflete as reais necessidades da comunidade (Wampler, 2012). No entanto, há de se ressaltar que a efetividade da governança colaborativa sempre dependerá da capacitação dos atores envolvidos e da capacidade de coordenação entre eles, o que pode ser um grande desafio em contextos de grande desigualdade social e educacional.

Enquanto a governança colaborativa foca a inclusão e a distribuição de poder, a governança em rede se caracteriza pela flexibilidade e pela adaptabilidade. Neste modelo, a estrutura de poder é mais horizontal, permitindo que diferentes organizações e setores cooperem em redes descentralizadas. Essa abordagem é especialmente eficaz em contextos em que a rapidez na resposta e a inovação são fundamentais, como nas políticas de desenvolvimento sustentável e na gestão de crises.

A governança em rede é exemplificada por políticas de desenvolvimento sustentável na União Europeia (UE), onde a colaboração entre diferentes países e setores tem se tornado fundamental (ainda que passe, na atualidade, por desafios políticos com a ascensão de forças anti-UE) para alcançar metas comuns, como a redução das emissões de carbono e a promoção de energias renováveis. A governança em rede também enfrenta desafios, como a necessidade de uma comunicação eficiente e a construção de confiança entre os participantes, sem os quais a rede pode se desarticular.

Não se pode dizer que os modelos colaborativos e em rede substituam a administração burocrática, mas que a complementam e a aperfeiçoam, na medida em que podem oferecer soluções que são mais apropriadas para contextos específicos. A integração desses modelos representa uma governança híbrida, em que a burocracia tradicional oferece estabilidade e previsibilidade, enquanto a colaboração e a rede fornecem a flexibilidade e a adaptabilidade necessárias para lidar com os desafios contemporâneos.

A era digital trouxe mudanças profundas na forma como os governos operam, interagem com os cidadãos e prestam serviços públicos. O conceito de *e-government* representa essa transformação — nesse contexto, as Tecnologias da Informação e Comunicação (TICs) são ferramentas importantes a serem utilizadas para aumentar a transparência, a eficiência e a participação cidadã na gestão pública. Este processo não é meramente uma modernização técnica, mas uma reconfiguração das relações entre Estado e sociedade, que exige uma nova mentalidade tanto dos gestores públicos quanto dos cidadãos.

Um dos principais objetivos do *e-government* deve ser a ampliação dos parâmetros de transparência das atividades governamentais. Por meio de portais de transparência e sistemas de ouvidoria digital, os cidadãos têm acesso a informações detalhadas sobre a gestão pública, podendo monitorar e participar das decisões governamentais. O exemplo mais notável é o sistema de *e-government* da Estônia, que permite que quase todos os serviços públicos sejam acessados on-line, desde o registro de empresas até a votação em eleições (Vassil, 2016). Esse nível de digitalização facilita a vida dos cidadãos e reduz a corrupção, uma vez que os processos se tornam mais rastreáveis e auditáveis.

Além de promover a transparência, o *e-government* pode impulsionar a eficiência administrativa. A automação de processos burocráticos e o uso de *big data* para análise de políticas públicas permitem que os governos tomem decisões mais informadas e proativas. O Serviço Nacional de Saúde (NHS) do Reino Unido, por exemplo, utiliza *big data* para prever surtos de doenças e alocar recursos de maneira mais eficiente, demonstrando como a tecnologia pode transformar a administração pública de maneira significativa.

Apesar dos benefícios, a implementação do *e-government* apresenta desafios consideráveis. A resistência à mudança dentro das instituições públicas, a necessidade de inclusão digital de toda a população e as preocupações com a segurança da informação são questões que precisam ser consideradas para o sucesso do *e-government*.

Com a crescente digitalização dos serviços públicos, torna-se essencial garantir a proteção dos dados pessoais dos cidadãos. A implementação do *e-government* deve ser acompanhada por uma rigorosa observância à Lei Geral de Proteção de Dados (LGPD), que estabelece diretrizes claras sobre o tratamento, armazenamento e compartilhamento de informações pessoais. O respeito à privacidade e a segurança dos dados são fundamentais para manter a confiança dos cidadãos nas plataformas digitais, evitando abusos e garantindo que os direitos dos indivíduos sejam preservados em um ambiente cada vez mais conectado.

A transformação digital não é apenas uma questão de tecnologia, mas de mudança cultural dentro das instituições públicas. Os gestores públicos precisam ser capacitados para utilizar as novas ferramentas digitais e para compreender as suas implicações éticas, sociais e políticas. Essa nova era da administração pública exige um equilíbrio entre inovação e responsabilidade.

O *e-government* pode garantir uma verdadeira revolução na qualidade das políticas públicas, e sobretudo na capacidade de participação popular e no monitoramento e avaliação dessas políticas. No entanto, é preciso estar vigilante para assegurar que essa transformação seja conduzida com responsabilidade, respeitando a privacidade dos cidadãos e garantindo a segurança dos dados pessoais. Além disso, é essencial que o governo eletrônico não ultrapasse os limites da vida privada nem os limites legais, evitando o risco de vigilância excessiva e invasão da privacidade. Como argumenta Jürgen Habermas (1984, 2023) em sua teoria da esfera pública, os espaços de encontro e deliberação são essenciais para a formação de uma opinião pública crítica e para o exercício pleno da democracia. O *e-government* deve, portanto, complementar e enriquecer esses processos, sem jamais enfraquecê-los, garantindo que as novas ferramentas tecnológicas fortaleçam os direitos dos cidadãos, em vez de servirem como mecanismos de controle e vigilância.

EM SÍNTESE

Ao longo deste capítulo, exploramos as complexidades e os desafios que envolvem a gestão pública, destacando a importância de se integrar o conhecimento técnico com a responsabilidade política. A gestão pública, diferentemente da gestão privada, não tem o lucro como objetivo principal, mas sim o bem-estar social e o fortalecimento das estruturas democráticas.

Essas premissas exigem que o gestor público contemporâneo atue com uma visão estratégica, considerando as implicações sociais e políticas de suas decisões. Embora existam técnicas compartilhadas entre a gestão pública e privada — como planejamento, controle e liderança —, os objetivos são essencialmente distintos, com o setor público focado na justiça social e no interesse coletivo. Este ponto é crucial para evitar a transposição inadequada de práticas privadas ao setor público, que desconsideram as especificidades de cada área.

A questão do orçamento público foi central para entendermos como o planejamento e a alocação de recursos podem tanto perpetuar desigualdades quanto promover a inclusão social. O orçamento é uma poderosa ferramenta de transformação quando usado para reduzir as disparidades socioeconômicas, permitindo que áreas mais vulneráveis recebam os investimentos necessários para superar históricos de exclusão.

Quando, ao contrário, ele é planejado de forma incremental, apenas replicando as alocações passadas, tende a reforçar as desigualdades existentes. Assim, a regionalização do orçamento e a participação cidadã no processo orçamentário, como sugerido por Marin e Almeida, se destacam como práticas essenciais para garantir que os recursos sejam distribuídos de maneira equitativa e inclusiva, fortalecendo a justiça social.

A reflexão sobre o desenvolvimento local, com base nas ideias de Paulo Haddad, acrescenta uma dimensão muito relevante ao planejamento público, especialmente no contexto municipal inserido no modelo federativo brasileiro *sui generis*. Haddad destaca a importância de fortalecer a autonomia fiscal dos municípios e promover um desenvolvimento endógeno, em que as lideranças locais e a sociedade civil têm papel ativo na criação de soluções inovadoras para seus próprios desafios.

O desenvolvimento sustentável, com foco na preservação ambiental e no fortalecimento das capacidades locais, é um pilar dessa abordagem. Nesse sentido, o planejamento participativo e inclusivo, que dialoga com as realidades locais, revela-se essencial para garantir que os municípios possam romper com a dependência de transferências federais e estaduais, promovendo um futuro mais equilibrado e justo.

Por fim, a transformação digital surge como um elemento fundamental para modernizar a gestão pública e ampliar a participação popular. A digitalização dos serviços públicos, por meio de ferramentas de *e-government*, oferece não apenas maior transparência, mas também oportuniza uma maior fiscalização das ações governamentais por parte dos cidadãos.

A implementação de tecnologias digitais pode facilitar o controle social e democratizar o acesso à informação, mas isso precisa ser feito com atenção à proteção da privacidade e à segurança dos dados. Ao conectar de maneira eficaz a sociedade com o Estado, a transformação digital pode transformar o modo como as decisões públicas são tomadas, promovendo uma gestão mais eficiente, participativa e transparente.

6
ESTRATÉGIA: A BASE PARA O PLANEJAMENTO EFICAZ

As estratégias (e o processo de administração estratégica) podem ser vitais
para as organizações tanto por sua ausência quanto por sua presença.
(Mintzberg; Ahlstrand; Lampel, 2000, p. 23)

As próximas páginas se propõem a explorar o intricado campo da estratégia, delineando suas origens no contexto militar e sua subsequente adoção por grandes corporações privadas no período pós-guerra. O objetivo é demonstrar a importância de compreender o conceito de estratégia para contextualizar e enriquecer as análises contemporâneas, além de conscientizar o gestor sobre a necessidade de pensar estrategicamente nas organizações públicas. O texto propõe uma análise teórica substancial sobre esses conceitos, sem a pretensão de aprofundamento, mas visando uma compreensão mais refinada acerca desta temática.

A segunda parte do capítulo aborda a obra de Henry Mintzberg, especialmente seu conceito dos "5 Ps da estratégia". Essa abordagem, embora originalmente voltada para a esfera empresarial, revela-se aplicável ao contexto público, oferecendo uma visão abrangente e analítica. A proposta de pensar estrategicamente, considerando não apenas os meios e objetivos, mas a ponte que os conecta, culmina na compreensão de que estratégia é essencial para discernir o tabuleiro completo, tanto nas batalhas cotidianas quanto nas grandes metas a serem atingidas.

Finalmente, será apresentado o conceito de "momento estratégico", na concepção de Carlos Matus, englobando a análise da viabilidade política do plano, considerando dinâmicas de poder, interesses e relações entre diversos atores sociais e políticos.

ALGUNS FUNDAMENTOS TEÓRICOS DA ESTRATÉGIA

O conceito de estratégia, originalmente desenvolvido no âmbito militar, foi amplamente adotado por grandes corporações privadas após o término do extenso período de expansão pós-guerra. O vocábulo "estratégia" vem do grego e quer dizer "o comandante militar", isto é, aquele que comanda a guerra. Muitos estudam estratégia, referindo-se a ela como uma disciplina quase que apartada das ciências humanas e sociais, mas esquecem-se de mencionar o seu nascimento semântico, isto é, o surgimento do termo em seu contexto bélico, dos campos de batalha. Isto, como veremos ao longo deste capítulo, é muito importante porque, até hoje, muitas das analogias construídas levam em consideração essa origem.

A palavra "estratégia" remonta à ideia de *"stratos"* e seu derivado *"strategos"*, que significa exército e general, respectivamente, de acordo com Chantraine (1968). A língua grega, conhecida por sua precisão, permitia a criação de substantivos com base em ações neutras ou certos nomes para expressar pertencimento ou conceitos gerais. Dessa forma, *"stratos"* e *"ta stratia"* referiam-se às coisas do exército. Os termos *"strategos"* e *"ta strategia"* abrangiam as coisas do general, ou seja, a conduta do exército, estratégias de combate, incluindo condições meteorológicas, como revelado por tratados antigos de estratégia, como o de Vegécio, um escritor militar romano. Em sua essência grega, a noção por trás da estratégia envolve as questões relacionadas ao general, sua arte e seus negócios.

No pensamento de Maquiavel[9], o filósofo político de Florença que desbravou as intricadas dinâmicas do poder, a estratégia transcende a simples condução de ações políticas. O autor de *O príncipe* vislumbrava que na estratégia reside a arte de fazer prevalecer a verdade antes mesmo do início da luta. Para Maquiavel, considerando que o estado de guerra é uma situação permanente na arte de governar, também são elementos fundamentais para o sucesso político o controle de narrativas e o processo crucial de moldar as

---

[9] Nicolau Maquiavel, nascido em 1469 em Florença, Itália, é considerado o primeiro cientista político devido a *O príncipe*, obra por meio da qual analisa as estratégias políticas e a natureza do poder com uma abordagem objetiva. Ele destacou a importância da realidade política sobre as ideais, influenciando a visão moderna da ciência política. Além disso, suas obras abordam outros temas, como história e diplomacia. Maquiavel faleceu em 1527.

percepções. O filósofo renascentista reconheceu na estratégia a capacidade de antecipar e influenciar eventos; ainda que não tenha utilizado exatamente esse termo, destacou seu papel na busca pela verdade que delineia a realidade antes mesmo de sua implementação.

Na gestão pública contemporânea, a estratégia vai além de uma ferramenta operacional: ela se destaca como uma jornada pela verdade, direcionando ações e construindo a narrativa essencial para fundamentar o êxito político e administrativo. O planejamento estratégico se torna indispensável no contexto atual das organizações públicas, onde a interconectividade e a incerteza têm se intensificado de forma significativa. As mudanças em um ponto do sistema podem gerar repercussões imprevisíveis em toda a sociedade, exigindo das organizações públicas uma resposta ágil e coordenada. Nesse cenário, o planejamento estratégico não apenas facilita a compreensão do ambiente externo e interno, mas também possibilita a formulação de decisões fundamentais que moldam a atuação das entidades públicas de maneira a maximizar o valor público e garantir a sustentabilidade de suas ações (Bryson, 2004).

A metodologia proposta por Bryson (2004) destaca que, embora o planejamento estratégico envolva conceitos e ferramentas específicas, ele deve ser visto como um processo dinâmico e adaptável às particularidades de cada organização pública. O autor enfatiza que o foco deve estar na capacidade das organizações de pensar, agir e aprender estrategicamente, e não meramente na elaboração de um plano formal. Assim, o planejamento estratégico deve ser flexível, permitindo ajustes contínuos de acordo com as necessidades emergentes, sem perder de vista os objetivos de longo prazo que asseguram a realização de suas missões e a criação de valor público (Bryson, 2004).

Além disso, Bryson (2004) salienta que o planejamento estratégico no setor público não deve ser apenas uma prática burocrática, mas sim um processo integrador que considera tanto a racionalidade substantiva quanto a aceitação política. Para tanto, é fundamental que o processo seja conduzido de forma participativa, envolvendo diversos *stakeholders* e assegurando que as decisões estratégicas sejam tanto tecnicamente viáveis quanto politicamente sustentáveis. Dessa forma, o planejamento estratégico contribui para a construção de coalizões robustas que protegem as estratégias formuladas, garantindo sua implementação eficaz e a geração de resultados positivos para a sociedade.

A distinção entre as dimensões estratégica e tática mostra-se fundamental nesse contexto. É imperativo estabelecer a subordinação da última à primeira, reconhecendo que a estratégia desempenha um papel primordial na orientação e definição de objetivos, enquanto a tática se submete à sua direção. No âmbito desta obra, que harmoniza teoria e prática para oferecer uma compreensão mais abrangente e refinada, é oportuno adentrar uma análise teórica mais substancial sobre os conceitos de estratégia e tática. Embora não busquemos aprofundar excessivamente essas reflexões, nosso propósito é esclarecer as nuances desses termos, proporcionando uma base sólida para a compreensão de sua interconexão e relevância no panorama político e administrativo.

Um panorama histórico também é fundamental na medida em que aborda a evolução do conceito de estratégia. No século XIX, Carl von Clausewitz, um militar prussiano de renome, definiu estratégia como a "arte do emprego das batalhas como um meio de se chegar ao objeto da guerra". Essa definição consta de seu famoso livro *Vom Kriege* (Da Guerra), publicado postumamente em 1832. Ou seja, a estratégia é responsável por forjar os planos de guerra, mapeando o roteiro para as campanhas que compõem uma guerra e para orientar as batalhas a serem travadas em cada uma dessas campanhas.

A confusão entre estratégia e política persistiu nos séculos XVIII e XIX, especialmente com líderes como Napoleão Bonaparte e Frederico da Prússia. No início do século XX, outro general prussiano, Helmuth von Moltke, complementou a visão de Clausewitz[10], ao conceituar estratégia como "a adaptação prática dos meios postos à disposição do general para o alcance do objeto em vista", destacando a subordinação do general ao governo.

---

[10] O objetivo não é explorar a obra de nenhum desses autores, nem mesmo entrar em particularidades, mas vale lembrar que Clausewitz cunhou a célebre frase: "A guerra é a continuação da política por outros meios". O estrategista via como crucial que a condução da guerra permanecesse sempre subordinada à esfera política. Segundo ele, vencer uma guerra demandaria uma compreensão acurada dos objetivos, da disponibilidade de recursos, e requereria uma avaliação racional das capacidades e oportunidades. Além disso, seria fundamental a delimitação de limites éticos ao uso da força em alinhamento aos objetivos políticos anteriormente traçados.

A relação entre estratégia e tática foi abordada por Buskirk, que definiu estratégia como o "plano básico de ação" e tática como os "meios pelos quais esses planos são implementados". O professor C. Roland Christensen (1982), em seu livro *Management policy*, publicado originalmente na década de 1960, conceituou a estratégia como um padrão que engloba objetivos, propósitos ou metas de uma organização, além das políticas gerais e planos para atingi-los.

Seymour Tiles, em seu artigo "How to evaluate corporate strategy", comparou estratégia a um conceito claro, afirmando que uma estratégia válida resulta em crescimento e lucro, enquanto uma estratégia imprópria pode levar ao desastre. Ele diz:

> Nenhum bom oficial militar começaria nem mesmo um ataque em pequena escala a um objetivo limitado sem um conceito claro de sua estratégia. Nenhum político experimentado iniciaria uma campanha para ser eleito a um cargo importante sem um conceito igualmente claro de sua estratégia. [...] Estratégia é um conjunto de objetivos e de políticas importantes. [...] o processo de determinação de estratégias pode degenerar no que tão frequentemente se torna um registro solene de 'lugares comuns' sem utilidade, quer para esclarecer a direção, quer para obter consenso. Objetivos corporativos são uma indicação do que a companhia como um todo está tentando realizar e tentando se tornar (Tiles, 1963, p. 117).

A evolução do conceito ao longo de diversas perspectivas destaca sua intrínseca relação com a origem militar e a correlação entre o objetivo a ser alcançado e os meios necessários para atingi-lo de maneira eficaz. Contemporaneamente, pensar em estratégia vai além da mera consideração dos meios e objetivos; é necessário contemplar a ponte que conecta esses elementos aos fins desejados, considerando características, ferramentas e atributos relevantes. A estratégia nos orienta na compreensão do que é viável e do que não é. É essencial ter uma visão abrangente do tabuleiro de xadrez, compreendendo todo o cenário da guerra, e entender que, por vezes, a perda de batalhas é aceitável, desde que se mantenha o foco no objetivo final da guerra.

Henry Mintzberg, professor da Universidade McGill, no Quebec, Canadá, é um dos autores mais significativos na abordagem contemporânea da estratégia. Com Bruce Ahlstrand e Joseph Lampel, Mintzberg publicou o livro *Safári de estratégia* no fim da década de 1990. Embora o foco dessa obra seja a esfera empresarial, muitas de suas concepções têm aplicabilidade no contexto estratégico do setor público.

Nessa obra, a abordagem do pensamento estratégico é realizada de maneira abrangente e analítica. Os autores introduzem o conceito dos "5 Ps da estratégia", enfatizando que a estratégia não deve ser considerada um conceito estático e uniforme. Mintzberg delineia cinco abordagens formais para compreender a estratégia:

1. Plano (*Plan*): Refere-se a diretrizes elaboradas consciente e intencionalmente para garantir o alcance dos objetivos organizacionais. Essas diretrizes podem ser explícitas em documentos formais ou não, além de serem gerais ou específicas. Por exemplo: O plano estratégico de uma prefeitura para melhorar a infraestrutura urbana, estabelecendo metas e ações específicas para alcançar esse fim;

2. Pretexto (*Ploy*): Envolve manobras intencionais para enganar concorrentes, induzindo-os a ter percepções equivocadas sobre os movimentos competitivos. Na área empresarial o exemplo poderia ser o de uma empresa que ameaça expandir a sua capacidade de produção para desencorajar a construção de uma nova fábrica por um concorrente, ou seja, a ameaça é mais um "plano" do que uma real intenção de expansão. Exemplo na esfera pública: Um país que, mediante declarações estratégicas, procura dissuadir ações de outras nações, sem, contudo, manifestar imediatamente a intenção de cumprir tais ameaças. Outro exemplo ilustrativo que pode ocorrer no âmbito municipal: Uma prefeitura, ciente de que uma renomada empresa pondera transferir suas operações para uma cidade vizinha, emprega a estratégia de oferecer incentivos fiscais atrativos para empresas concorrentes dela ou ameaça fazer sondagens a empresas da cidade vizinha, oferecendo incentivos de modo a dissuadir o governo vizinho de atrair a empresa;

3. Padrão (*Patterm*): Refere-se à consistência no comportamento, pretendida ou não, ao longo de um fluxo de ações. Muitas empresas optam por essa estratégia, pois a consistência gera confiabilidade, um atributo valorizado pelo mercado. Por exemplo: Uma prefeitura mantém uma consistência na alocação de recursos para a promoção de eventos culturais anuais, criando um padrão reconhecido que, por sua vez, fortalece a identidade cultural da comunidade;

4. Posição (*Position*): Envolve a maneira como a organização se posiciona em relação ao ambiente externo (clientes, fornecedores, concorrentes, governo, sindicatos etc.) e interno (empregados, acionistas, administradores etc.). Pode ser planejada, baseada em padrões ou pretexto. Exemplo: Uma prefeitura estabelece uma posição de liderança regional ao colaborar com municípios vizinhos em iniciativas conjuntas na formação de um consórcio intermunicipal multifinalitário que contemple programas regionais de cooperação em áreas estratégicas como saúde, infraestrutura e educação, otimizando recursos e oferecendo serviços públicos mais eficientes;

5. Perspectiva (*Perspective*): Representa o conjunto de normas, intenções, valores e comportamentos compartilhados que possibilitam a cooperação eficiente na produção de produtos e serviços de valor para os clientes. Reflete uma visão conceitual arraigada do mundo, compartilhada pelos membros da organização por meio de intenções e/ou ações. Por exemplo: O governo municipal promove uma perspectiva de sustentabilidade, incorporando práticas sustentáveis e *ecofriendly* em todas as suas ações e incentiva a participação cidadã em iniciativas ambientais locais. Essa perspectiva consequentemente permearia todos os órgãos públicos municipais.

Conceber os 5 Ps da estratégia de Mintzberg na esfera pública é importante para se pensar no aprimoramento das abordagens estratégicas adotadas por organizações governamentais, promovendo uma gestão mais eficiente e alinhada com os objetivos institucionais.

A compreensão dos fundamentos teóricos da estratégia, suas raízes históricas e suas múltiplas dimensões é essencial para formular diretrizes sólidas no contexto da gestão pública. Entretanto, a teoria sozinha não garante a eficácia das ações. O sucesso de qualquer estratégia depende, em grande parte, da maneira como ela é implementada pelo núcleo de governo e da articulação entre tática e liderança. Na próxima seção, exploraremos como esses elementos se entrelaçam na prática, analisando o papel que o núcleo decisório, as táticas de curto prazo e a liderança estratégica desempenham na condução de políticas públicas eficazes e na concretização dos objetivos de médio e longo prazos.

ENFOQUE ESTRATÉGICO: NÚCLEO DE GOVERNO, TÁTICA E LIDERANÇA

O planejamento envolve a definição clara dos objetivos ou metas de uma organização, seguido pelo estabelecimento de uma estratégia para atingi-los. Além disso, requer o desenvolvimento de uma estrutura hierárquica de funções, destinada a integrar e coordenar eficientemente as atividades necessárias para alcançar esses objetivos. Não se pode falar de planejamento sem mencionar a estratégia que o acompanha — sendo ela racionalizada e metodologicamente estabelecida ou não.

No âmbito governamental, o planejamento é uma ferramenta essencial para alcançar o desenvolvimento e a eficácia na gestão pública. No entanto, esse planejamento só se torna verdadeiramente eficaz quando acompanhado por uma estratégia bem definida, que articula os objetivos de longo prazo com as ações de curto prazo. Nesse contexto, o núcleo de governo emerge como um centro de coordenação e liderança, capaz de alinhar as táticas ao propósito estratégico, garantindo que as metas estabelecidas sejam concretizadas.

A natureza estratégica do planejamento no âmbito governamental adquire proeminência ao se considerar o conceito de "núcleo ou centro" de governo, conforme abordado por Jackson De Toni (2016). Nessa perspectiva, o autor enfatiza a importância da "agenda estratégica", entendida como a concepção de uma visão de futuro consistente pela alta direção do governo, que se materializa por meio do Planejamento Estratégico Governamental. Este, a ser explorado em detalhes, funciona como um instrumento operacional que concretiza essa visão de futuro em um sistema de planejamento estruturado, incorporando instituições, organizações, burocracia, recursos e indicadores nacionais de desempenho.

O núcleo de governo, que inclui a liderança executiva e seus principais assessores, tem o papel indispensável de coordenar a implementação das políticas públicas, garantindo a coerência entre a estratégia global e as táticas utilizadas no dia a dia da administração pública. Além disso, é o núcleo que estabelece as prioridades e assegura que os recursos sejam adequadamente alocados para atingir os objetivos traçados.

O entendimento do "centro de governo" como uma localização específica dentro do arranjo político-administrativo é fundamental. Mesmo em processos de elaboração participativa do PEG, o papel do líder e do centro de governo não pode ser subestimado, como já indicado por De Toni (2016). Ainda que se defenda um modelo de gestão pública participativa e horizontal, o papel da liderança no pensamento estratégico e na implementação do planejamento é inegável.

Considere um cenário hipotético em um município fictício, que, no entanto, pode refletir a realidade de muitos municípios brasileiros. Nestes contextos, é comum a ausência de um planejamento eficaz e a falta de embasamento sólido para a construção de estratégias. Imagine, por exemplo, um prefeito que, embora reconheça a importância do Planejamento Estratégico Governamental, delega a responsabilidade da construção do plano a uma consultoria especializada em planejamento estratégico. Ele próprio, com seus auxiliares mais próximos (o núcleo duro ou centro de governo), mantém-se afastado do processo, revelando uma lacuna significativa na liderança e no envolvimento das figuras-chave do governo.

Ainda que a equipe de planejamento seja competente, ela enfrenta desafios consideráveis ao elaborar um PEG sem a participação ativa do prefeito e da liderança central. A ausência de liderança política compromete a formulação de uma visão de futuro que seja consistente e alinhada com as reais necessidades e aspirações da comunidade. Isso, por sua vez, afeta a definição de objetivos aderentes ao projeto político-administrativo e coerentes com a realidade sociopolítica municipal.

A falta de envolvimento direto do prefeito tem repercussões negativas na motivação e no engajamento dos demais setores da administração municipal, bem como, futuramente, na participação dos cidadãos locais. A ausência de uma visão clara e inspiradora por parte do líder máximo cria um vácuo de direcionamento, que resulta em uma equipe desmotivada e em um plano que não reflete adequadamente as prioridades do município. Nesse contexto, o PEG tende a se transformar em um documento meramente burocrático e protocolar, incapaz de impulsionar as transformações desejadas para a cidade.

Além disso, a ausência de interações sistemáticas entre o governo central, outras esferas do poder e as entidades estratégicas da estrutura administrativa e política pode resultar em uma abordagem fragmentada e descoordenada na gestão municipal. Os problemas horizontais, que demandam uma visão integrada, são frequentemente negligenciados, comprometendo a eficiência e a eficácia na prestação de serviços públicos.

De Toni (2016) argumenta que o centro de governo é o ponto focal para a coordenação e orientação estratégica e governamental. Ele ressalta a necessidade de enfrentar desafios relacionados à identificação e à resolução de problemas horizontais, o que exige uma abordagem transversal que envolva diversas agências governamentais, além de interações sistemáticas com outros poderes e entidades federativas. A fragmentação resultante dos processos de delegação de políticas públicas, identificada como um efeito indesejado das reformas gerenciais dos anos 1990, realça a importância da reestruturação dos centros de governo ou "alto governo".

Tuswell e Atkinson (2013 *apud* De Toni, 2021) realizaram uma análise comparativa do funcionamento dos centros de governo em cinco países (Austrália, Canadá, Alemanha, Nova Zelândia e Suécia), produzindo conclusões instigantes. De acordo com seus estudos, observou-se que a formulação estratégica está intrinsecamente ligada ao estilo pessoal de liderança e às prioridades estabelecidas pelos líderes, o que indica um baixo grau de maturidade institucional. Ou seja, a estruturação e a implementação de estratégias governamentais são substancialmente influenciadas pelas características individuais dos líderes políticos em posição central.

Não se deve considerar exclusivamente as estruturas institucionais na elaboração do PEG, mas também as características pessoais e as prioridades dos líderes no desenvolvimento e implementação eficaz das estratégias governamentais. Essa perspectiva oferece insights valiosos para a compreensão das dinâmicas políticas e do papel das lideranças no contexto do planejamento público.

Vale ainda recordar a histórica experiência exitosa de planejamento conduzida com eficácia política. O governo do presidente Juscelino Kubitschek de Oliveira (1956-1960) é até hoje lembrado pelo legado administrativo, especialmente em infraestrutura, energia e desenvolvimento econômico. Sob o lema "50 anos em 5", sua política desenvolvimentista foi sintetizada no Plano de Metas, servindo como um exemplo claro de como uma liderança visionária e estrategicamente orientada pode moldar de maneira duradoura o futuro de uma nação.

O Plano de Metas, implementado durante o governo de Juscelino Kubitschek, destacou-se como um marco no planejamento público brasileira, enfocando a industrialização e a "modernização" do Brasil. Estruturado como um ambicioso conjunto de objetivos setoriais, o programa visava impulsionar o desenvolvimento econômico, dando continuidade ao processo de substituição de importações iniciado nas duas décadas anteriores. Ao estabelecer metas claras em áreas estratégicas, como energia, transporte e infraestrutura, o Plano de Metas buscava consolidar o Brasil como uma potência industrial emergente, promovendo simultaneamente a diversificação econômica e a redução da dependência de insumos externos.

> O governo JK funcionou bem e foi capaz de traduzir objetivos e resultados. Este sucesso deriva da racionalização da ação do Estado, produto do planejamento. De fato, o Programa de Metas foi a primeira experiência efetivamente posta em prática de planejamento governamental no Brasil. O segredo desta experiência, no plano político, foi a inteligente utilização de estímulos e incentivos que viabilizaram a orientação do investimento a partir de um diagnóstico que culminou a informação existente com uma racionalidade superior

> que levou em conta a interdependência da economia como um todo. [...] No plano operacional a chave do sucesso do Programa de Metas foi o funcionamento de um núcleo administrativo para onde foram canalizadas as competências e os poderes necessários para a implementação dos objetivos governamentais (Lafer, 2002 *apud* Couto, 2020, p. 446).

Lafer mostra que a eficácia do governo de Juscelino Kubitschek, evidenciada pela bem-sucedida implementação do célebre Plano de Metas, não se destaca como marco na história política brasileira por acaso. A estratégia perspicaz e o planejamento inovador refletem competência e compreensão das complexidades sociais e econômicas, além de argúcia política de JK. A abordagem pragmática, aliada à liderança holística, revela uma visão profunda do contexto brasileiro nos anos 1950 e uma projeção inteligente do Brasil vindouro.

O núcleo administrativo, apontado como chave do sucesso, destaca a importância de um governo coeso e bem liderado. A canalização de competências para esse núcleo revela eficiência organizacional e a habilidade inspiradora do presidente da República. Ademais, observa-se a inequívoca inter-relação entre estratégia, liderança e a existência de um núcleo de governo sólido, condição *sine qua non* para traduzir objetivos em realizações concretas.

Embora tenhamos mencionado diversos autores e perspectivas relevantes para o estudo da estratégia, o objetivo aqui não é realizar uma revisão exaustiva da literatura sobre o tema. Nos parágrafos anteriores, buscou-se apresentar de forma abrangente o conceito de estratégia, destacando sua complexidade e multifacetada aplicação. Esta abordagem teórica é fundamental para situar o debate estratégico no contexto explorado, reconhecendo que a estratégia, embora evoluída desde suas concepções militares até sua aplicação no setor governamental, continua a ser um conceito complexo e indispensável.

Em termos gerais, pode-se afirmar que a estratégia consiste na coordenação efetiva de todos os recursos de uma organização com o objetivo de alcançar metas em longo prazo, enquanto a tática se manifesta como um esquema específico para a utilização desses recursos no âmbito de um plano estratégico. Retomando um clássico, Sun Tzu (2000, p. 35) expressou em *A arte da guerra*: "Todos são capazes de ver os aspectos exteriores (tática), mas ninguém pode compreender o caminho (estratégia) segundo o qual forjei a vitória". Esse trecho permanece elucidativo, ressaltando que a dualidade entre estratégia e tática deve ser encarada não como uma simples oposição, mas como complementação, similar aos lados de uma moeda, ambos necessários para atingir as grandes metas.

A definição de Sun Tzu é muito importante, pois demonstra que depender exclusivamente da estratégia sem a aplicação prática da tática conduz a resultados insatisfatórios. Equipes que apenas elaboram estratégias planejam atingir metas sem efetivamente realizar o trabalho necessário para alcançá-las. Por outro lado, depender exclusivamente da tática sem uma estratégia subjacente resulta em esforços dispersos e falta de direção, levando à frustração e à insatisfação em longo prazo.

No início de um mandato executivo, mesmo que de forma intuitiva e sem um planejamento totalmente racionalizado, é possível identificar algum alinhamento entre estratégia e tática, fruto da vitória eleitoral e da confecção do plano de governo[11]. Contudo, ao longo do tempo, administrações municipais que negligenciam a adoção de um modelo de gestão e a construção de planejamentos robustos acabam por descolar esses dois elementos, prejudicando o conjunto das ações governamentais.

Vejamos um exemplo prático para ilustrar essa situação. Suponha que um governo estabelece como estratégia a melhoria da educação em longo prazo. Uma tática alinhada a essa estratégia seria o investimento em programas de formação de professores. No entanto, se o foco recair apenas na construção de escolas, negligenciando a capacitação do corpo docente, ocorre um desalinhamento crítico entre tática e estratégia.

Em suma, a estratégia constitui o plano global para alcançar objetivos de longo prazo, enquanto a tática se refere a ações específicas implementadas para atingir metas de curto prazo dentro

---

[11] Conforme já dito, para cumprir com as exigências legais durante o processo eleitoral, os postulantes a cargos no Poder Executivo devem apresentar ao TSE um arquivo público contendo seus respectivos projetos.

desse plano. A distinção entre ambos reside na escala e no foco: a estratégia oferece a visão macro, o quadro geral, enquanto a tática abrange os passos concretos para avançar dentro desse quadro. Essa relação pode ser comparada ao planejamento de uma viagem: a estratégia seria o roteiro geral, enquanto as táticas correspondem às decisões específicas sobre quais rotas seguir ou onde fazer paradas ao longo do caminho. A tática depende da estratégia, pois as ações específicas devem estar alinhadas com o plano global para que os objetivos de longo prazo sejam atingidos. Assim, estratégia e tática precisam operar em sinergia para garantir consistência e eficácia nas ações governamentais.

Na ausência de um modelo de gestão sólido, as decisões tendem a ser tomadas de maneira desordenada e sem uma direção clara, o que pode resultar em ineficiência, desalinhamento entre equipes e dificuldade em atingir as metas planejadas. Um modelo de gestão bem estruturado é crucial, pois define papéis e responsabilidades, contribuindo para uma administração pública mais eficaz e coordenada.

Essas dificuldades manifestam-se de maneira evidente em grande parte das administrações municipais no Brasil. Frequentemente, as gestões concentram-se apenas em estratégias amplas, sem dedicar esforços suficientes para implementar as metas estabelecidas de maneira eficaz. A clássica situação em que se afirma que "o prefeito tinha boas intenções, mas não conseguiu realizar" é recorrente. Inversamente, há casos em que o prefeito e sua equipe entregam várias obras e projetos, mas ainda assim persiste a sensação de que "algo está faltando", questionando-se o verdadeiro impacto dessas realizações no desenvolvimento da cidade. Por exemplo, qual é a finalidade de reformar todas as praças municipais sem uma estratégia clara para promover a cidadania, a convivência, a sociabilidade e a cultura nesses espaços públicos?

Outro exemplo possível e comumente percebido nas realidades locais brasileiras: suponha que uma estratégia de saúde pública envolva a expansão do acesso a serviços preventivos. Se as táticas empregadas forem apenas voltadas para o aumento de unidades de saúde sem considerar o treinamento de profissionais e campanhas de conscientização, o impacto será limitado. Um planejamento estratégico que integre essas táticas de forma coordenada pode, no entanto, garantir resultados significativos em termos de saúde pública em longo prazo.

A experiência prática demonstra que a ausência de um planejamento estratégico robusto ou de táticas bem desenhadas compromete a capacidade das administrações municipais de alcançar resultados duradouros e significativos. Em observações realizadas ao longo de anos de análises detalhadas de gestões públicas, é possível afirmar que muitas administrações brasileiras carecem de um equilíbrio entre estratégia e tática. Poucas conseguem integrar de maneira eficaz desses elementos, resultando em gestões públicas que realmente se destacam. Essas administrações excepcionais, que conseguem unir estratégia e tática de maneira coerente, deixam legados duradouros que beneficiam gerações futuras.

Somos, por natureza, seres essencialmente orientados para a tática, enfrentando as batalhas cotidianas muitas vezes sem perder de vista o destino. No entanto, é a estratégia que permite enxergar além do horizonte imediato, compreendendo o dia a dia como parte de um plano maior. A estratégia representa esse plano abrangente para o qual todas as forças políticas e administrativas devem convergir. Em termos práticos, uma organização, seja pública, seja privada, desprovida de estratégia pode alcançar algum sucesso, mas será um sucesso contingente, limitado e desprovido de bases sólidas para o futuro.

Portanto, não existe estratégia sem propósito, assim como não há propósito sem uma estratégia bem delineada. Da mesma forma, uma estratégia eficaz depende de um plano tático bem elaborado, e a tática, por sua vez, não pode funcionar adequadamente sem uma âncora, que é exatamente a estratégia. Portanto, a conexão entre estratégia, propósito e tática é fundamental para o êxito duradouro de qualquer empreendimento. Essa interdependência torna a estratégia o elemento unificador que dá direção e significado ao esforço conjunto.

À medida que exploramos a importância da articulação entre estratégia, tática e liderança, é fundamental compreender como essas dimensões podem ser incorporadas de forma prática no planejamento governamental. O Planejamento Estratégico Situacional (PES) oferece uma abordagem robusta e flexível, que permite aos gestores públicos navegarem pelas complexidades sociais e políticas de forma dinâmica e adaptável. Antes de adentrarmos os detalhes dessa metodologia, é importante examinar os princípios que a sustentam, especialmente no contexto da administração pública.

UM BREVE PANORAMA DO PLANEJAMENTO ESTRATÉGICO SITUACIONAL

O Planejamento Estratégico Situacional, desenvolvido por Carlos Matus, oferece uma abordagem inovadora e adaptada à complexidade inerente ao setor público. Diferentemente dos modelos tradicionais, que seguem uma linearidade muitas vezes limitada à previsibilidade, o PES foi concebido para lidar com a incerteza, a pluralidade de atores e a natureza dinâmica dos problemas sociais e políticos. Com seus quatro momentos interligados, o PES não apenas estrutura o planejamento, mas também oferece flexibilidade e adaptação diante dos desafios reais.

Diferentemente da lógica linear dos planejamentos tradicionais, que se caracteriza pela organização das atividades em etapas sequenciais, o PES segmenta o planejamento em quatro momentos interligados: 1. Momento explicativo; 2. Momento normativo; 3. Momento estratégico; e 4. Momento tático-operacional. Cada um desses momentos desempenha um papel essencial na construção de um plano de ação que seja capaz de lidar com as complexidades e incertezas do contexto real.

Momento explicativo: É dedicado à descrição detalhada dos problemas que precisam ser enfrentados. Nesta fase, cabe ao gestor identificar e categorizar as situações problemáticas, priorizando aquelas que requerem intervenção imediata. Ao contrário dos diagnósticos tradicionais, aqui é exigida uma análise abrangente, considerando tanto as possíveis soluções quanto as evidências empíricas obtidas por meio de pesquisas e levantamentos.

O gestor deve ir além da simples identificação dos problemas; é necessário analisar as inter-relações entre eles, considerando suas causas estruturais e as variáveis que influenciam sua persistência no contexto local. O PES exige essa visão sistêmica para garantir que o plano de ação aborde não apenas os sintomas, mas também as raízes do problema.

Exemplo: Imagine uma prefeitura que enfrenta o problema crônico de falta de saneamento básico em determinados bairros. Nesse momento, o gestor, com sua equipe técnica, deve realizar um levantamento detalhado sobre a extensão do problema, o número de moradores afetados e as consequências para a saúde pública. A análise deve ser abrangente, considerando possíveis soluções e a coleta de dados relevantes para entender as causas subjacentes.

Momento normativo: Na sequência, o Momento Normativo define a situação ideal a ser alcançada com o plano de ação. A pergunta central que orienta esta fase é: "Em um cenário ideal, em que tudo ocorre conforme o planejado, quais resultados seriam observados?" Este momento é crucial para estabelecer uma visão clara dos objetivos e metas, oferecendo um referencial teórico para a execução do plano.

O cenário ideal não deve ser apenas uma visão utópica; ele deve estar em consonância com as políticas públicas vigentes e com os marcos regulatórios que orientam a ação governamental. Ao fazer isso, o gestor garante que o plano de ação seja exequível dentro do arcabouço jurídico e político.

Exemplo: Considerando o mesmo problema de saneamento, o gestor da prefeitura definiria um cenário ideal no qual todos os bairros têm acesso completo à rede de esgoto, resultando em melhorias significativas nos índices de saúde pública e qualidade de vida. Este cenário ideal serve como guia para as metas a serem alcançadas.

Momento estratégico: Diferentemente do normativo, o momento estratégico adota uma abordagem pragmática e realista, voltada para a identificação de obstáculos e adversidades que podem comprometer a execução do plano. Cabe ao gestor avaliar a viabilidade do planejamento, considerando a disponibilidade de recursos, a existência de contradições entre os objetivos propostos e os possíveis riscos envolvidos.

O Momento Estratégico não se limita à identificação de obstáculos técnicos ou financeiros, mas também envolve uma intensa negociação política e a capacidade de articular interesses divergentes. O gestor deve mobilizar recursos não apenas materiais como simbólicos e políticos, buscando apoio entre diferentes atores para superar resistências e garantir a viabilidade do plano.

Exemplo: Ainda no contexto do saneamento, o gestor deve identificar obstáculos como a escassez de recursos financeiros, limitações técnicas, resistência da comunidade ou entraves burocráticos. Por exemplo, pode-se descobrir que, embora o orçamento permita a expansão da rede de esgoto em alguns bairros, a burocracia para aprovar as obras pode atrasar o cronograma, exigindo ajustes estratégicos no plano.

Momento tático-operacional: Finalmente, este momento envolve a execução das ações planejadas e o monitoramento constante de seus resultados. Nesta fase, as estratégias delineadas anteriormente são colocadas em prática, sendo necessário ajustar o curso das ações conforme os efeitos observados. A adaptabilidade e a capacidade de resposta rápida são elementos centrais, refletindo a essência do PES, que privilegia a improvisação e a flexibilidade diante das mudanças e imprevistos do contexto real.

A implementação das ações no Momento Tático-Operacional exige um acompanhamento contínuo, no qual os indicadores de desempenho orientam ajustes imediatos. O monitoramento não é apenas uma ferramenta de controle, mas também um mecanismo de aprendizado institucional, permitindo que a gestão se adapte rapidamente às novas condições e corrija o curso de ação quando necessário.

Exemplo: No exemplo da prefeitura, a execução das obras de saneamento seria iniciada nos bairros prioritários. Ao longo da implementação, a equipe de gestão monitoraria de perto o progresso, os custos e os impactos na saúde pública. Caso sejam detectados atrasos ou desvios no orçamento, o plano deve ser ajustado, priorizando outras áreas ou buscando novas fontes de financiamento, garantindo a flexibilidade necessária para enfrentar desafios inesperados.

A seguir, apresento o diagrama com os quatro momentos do PES na concepção de Carlos Matus:

Figura 3 – Ciclo de Planejamento Estratégico em quatro momentos

Fonte: elaborada pelo autor (2024)

Dentre os quatro momentos do PES, o Momento Estratégico se destaca pela sua capacidade de conectar o ideal ao real, traduzindo as metas normativas em ações concretas que respondem aos desafios do contexto. Nos próximos parágrafos, exploraremos com mais profundidade o Momento Estratégico, examinando sua aplicação prática e sua importância para a construção de estratégias viáveis no planejamento governamental.

O MOMENTO ESTRATÉGICO NA CONCEPÇÃO DE MATUS

O momento estratégico, na metodologia de Carlos Matus, é crucial para transformar análises e diagnósticos em ações concretas. É nesse estágio que as lideranças políticas decidem sobre as alternativas mais viáveis para enfrentar os desafios complexos do setor público. Esse momento difere de abordagens lineares e previsíveis, ao enfatizar a flexibilidade e adaptação diante das incertezas que permeiam o contexto governamental.

Matus, conforme mencionado anteriormente neste livro, destacou-se como um proponente inovador na concepção de Planejamento Estratégico Situacional no setor público. Sua importância transcende a mera adaptação de modelos de planejamento privado para o âmbito governamental, desafiando métodos tradicionais ao propor uma abordagem mais profunda e crítica. O economista, que ocupou posições governamentais e acadêmicas de prestígio, incluindo o cargo de ministro da Economia no Chile, teve sua trajetória política interrompida pelo golpe de Estado de Pinochet. No exílio, dedicou-se à formulação e à sistematização de sua visão crítica sobre o planejamento governamental, resultando em uma valiosa herança intelectual. Na década de 1990, suas ideias influenciaram práticas de gestão no setor público, encontrando acolhimento no Brasil e em outros países latino-americanos.

Desconsiderar a obra e as reflexões de Carlos Matus seria um grave equívoco por parte de qualquer governo, seja municipal, seja estadual ou federal. Sua abordagem inovadora não apenas questionou o viés economicista e normativo dos métodos tradicionais, mas também ofereceu soluções práticas para problemas concretos na administração pública. Matus, além de teórico, foi um homem prático, profundamente comprometido com a transformação social. Seu legado vai além da simples análise teórica, abrangendo questões como governabilidade, reforma do Estado e soluções técnicas para desafios organizacionais. Até hoje a sua obra se configura como uma ferramenta fundamental para repensar e aprimorar as práticas de planejamento no setor público.

O momento estratégico se encaixa nessa perspectiva metodológica, focando a análise da viabilidade política do plano. Esse aspecto implica a consideração das dinâmicas de poder, interesses e relações entre diversos atores sociais e políticos.

Matus parte do princípio de que as metodologias privadas não se integram eficazmente ao ambiente público, no qual a política e o poder são pressupostos fundamentais. Essa distinção fundamental entre os dois campos metodológicos torna a adaptação dos métodos um esforço criativo e desafiador. O teórico propôs uma quádrupla dimensão fundamental que compreende a Análise de Tendências (AT), a Análise Estratégica (AE), o Desenho Estratégico (DE) e, por fim, a Operacionalização (OP). Na Análise de Tendências, identificam-se fatores influentes e incertezas. A Análise Estratégica analisa as relações de poder e define as alternativas estratégicas. No Desenho Estratégico, elabora-se um plano de ação integrado. A Operacionalização, por fim, concentra-se na execução da estratégia. Matus enfatiza a importância de uma estratégia flexível, adaptável às mudanças e com foco na realidade social e política.

Na Análise de Tendências, o gestor avalia os fatores internos e externos que podem impactar a execução do plano, identificando incertezas e tendências que demandarão atenção contínua ao longo do processo de implementação. Essa análise permite antever possíveis cenários e preparar respostas a mudanças inesperadas.

Na Análise Estratégica, o foco é entender as dinâmicas de poder envolvidas, mapeando forças políticas e sociais que podem impactar o plano. Essa análise permite que o gestor avalie as alianças necessárias e identifique também os possíveis obstáculos que precisam ser superados para garantir que as estratégias sejam politicamente viáveis.

No Desenho Estratégico, os dados e análises são integrados em um plano de ação claro. Nesta fase, o gestor elabora o roteiro das ações a serem implementadas, definindo as alocações de recursos e as metas que deverão ser alcançadas. O sucesso do plano depende de um desenho estratégico bem estruturado e coerente com a realidade política e social.

A Operacionalização concentra-se na execução do plano estratégico. Durante essa fase, as ações delineadas são implementadas e o gestor deve manter um monitoramento contínuo, ajustando o plano conforme as mudanças das condições políticas e sociais. A flexibilidade é essencial, permitindo que a estratégia seja ajustada em tempo real para responder a desafios imprevistos.

Na concepção do economista chileno, o "momento estratégico" refere-se ao período em que são tomadas as decisões fundamentais para enfrentar os desafios identificados durante as etapas do Planejamento Estratégico Situacional. Durante esse momento, as lideranças analisam as informações coletadas, definem prioridades, estabelecem metas e escolhem as estratégias mais apropriadas para abordar as situações complexas e dinâmicas identificadas nas fases anteriores. O momento estratégico é crucial para a eficácia do planejamento, pois define a direção a ser seguida e orienta a implementação das ações estratégicas. O momento estratégico surge, portanto, como a etapa em que as decisões fundamentais são tomadas com base nas análises anteriores, orientando a implementação das ações estratégicas.

A análise estratégica no planejamento público muitas vezes é negligenciada, sendo substituída por abordagens baseadas na intuição ou métodos de "copiar e colar", sem a devida realização de análises estratégicas, reuniões temáticas, estudos e diagnósticos coerentes. Surpreendentemente, observa-se o planejamento sendo conduzido sem uma estratégia definida, o que, embora deveria ser considerado absurdo, torna-se algo comum, especialmente nos municípios brasileiros que costumam realizar o Plano Plurianual apenas para cumprir uma obrigação constitucional, sem um efetivo pensamento estratégico para melhorar as cidades, aprimorar os serviços públicos e ampliar a efetividade das políticas públicas.

A elaboração das peças orçamentárias, a saber, a Lei de Diretrizes Orçamentárias, o Plano Plurianual e a Lei Orçamentária Anual, muitas vezes carece de discussões estratégicas. Isso pode resultar em planos que se tornam apenas procedimentos formais, ou até mesmo planos que, mesmo não sendo protocolares, causam frustrações nos gestores e na população devido à falta de uma estratégia inteligente e bem definida.

Nesse contexto, a liderança, começando pelo prefeito, é indispensável. Ela é fundamental para motivar e orientar as equipes durante a elaboração estratégica do plano, unificando o pensamento estratégico ao administrativo. O líder político não deve se eximir dessa responsabilidade, nem considerar o processo como algo exclusivo para especialistas ou estrategistas profissionais. Isso é particularmente desafiador no Brasil devido à baixa qualificação do corpo técnico em planejamento público e estratégia. Além disso, a formação técnica por si só não é suficiente; a formação prática é igualmente importante.

A Fundação João Pinheiro (FJP), com sua tradição na formação de gestores públicos por meio da Escola de Governo, já tem desempenhado um papel crucial no aperfeiçoamento das práticas administrativas no estado de Minas Gerais. No entanto, a ampliação de sua atuação para municípios menores, especialmente no que tange à capacitação em planejamento estratégico e gestão pública, seria um diferencial. A criação de parcerias entre a FJP e governos municipais, com programas de formação voltados especificamente para o Planejamento Estratégico Situacional, poderia fortalecer o "momento estratégico" nas administrações locais, garantindo que o planejamento não se restrinja a cumprir exigências legais, mas converta-se em uma ferramenta de transformação social e econômica.

A análise estratégica desempenha um papel fundamental na identificação dos atores relevantes, suas motivações e seus interesses em relação ao plano. As metodologias mais eficazes recomendam o uso de uma matriz de interesse dos atores para mapear as entidades envolvidas, seus interesses e os recursos que controlam. Isso é essencial para desenvolver uma estratégia eficiente e bem fundamentada em relação a lobbies que, por vezes, focam apenas setores específicos, sem considerar o impacto na comunidade como um todo e nos interesses verdadeiramente coletivos.

À medida que o momento estratégico nos orienta sobre as decisões fundamentais para a formulação e implementação de políticas públicas, torna-se essencial identificar e mapear os atores envolvidos nesse processo. A análise das relações de poder, influências e recursos disponíveis demanda uma ferramenta metodológica específica: a matriz de interesses. A seguir será abordada a matriz de interesses e como essa ferramenta pode ser utilizada para identificar, categorizar e organizar os diversos atores e seus respectivos interesses, garantindo que a estratégia elaborada no PES leve em consideração as complexidades e as dinâmicas sociais que impactam a execução de políticas públicas.

MATRIZ DE INTERESSES

A influência dos atores sociais, políticos e econômicos, os *stakeholders* (partes interessadas), é complexa e possui várias dimensões, sendo difícil prever totalmente seu impacto. A dinâmica política é fortemente moldada pelo controle exercido pelos "centros de poder", os quais ditam a agenda dos governantes e influenciam a eficácia das decisões tomadas. Todas essas nuances devem ser cuidadosamente consideradas durante a formulação de estratégias, sobretudo no momento de se elaborar a matriz de interesses.

No escrutínio da estratégia, torna-se imperativo compreender os "jogadores" e os atores sociais da cidade, investigando como o governo deve interagir nesse intricado "jogo social". Note que o objetivo não é burocratizar o processo de debate estratégico, ao contrário, o essencial neste momento é aclarar o diagnóstico para que a estratégia seja bem delineada. A matriz de interesse dos atores, uma ferramenta gráfica, emerge como recomendação para visualizar as entidades relevantes, analisando interesses, motivações e recursos controlados por cada uma. Essas informações detalhadas incrementam a probabilidade de êxito na estratégia.

Por meio dos exemplos a seguir, torna-se possível analisar como um mesmo conjunto de *stakeholders* é abordado de forma distinta em duas políticas públicas municipais. Para ilustrar essa análise, consideremos duas políticas públicas retratadas nas imagens a seguir: 1. Programa de capacitação e informática básica; e 2. Obra de infraestrutura viária.

A Secretaria de Planejamento exerce significativa influência em ambos os casos, dada a sua capacidade de gerenciar recursos financeiros. Nesse cenário, o órgão demonstra um interesse reduzido no projeto de capacitação (Figura 4), uma vez que, hipoteticamente, este poderia ser conduzido mediante termos de parceria com Organizações da Sociedade Civil (OSCs), demandando um investimento financeiro mínimo, por meio de empréstimos de equipamentos e utilização de auditórios.

Contrapondo essa perspectiva, a mencionada secretaria demonstra um elevado interesse no projeto de infraestrutura (Figura 5). Nesse contexto, uma variação na projeção de avanço físico, com uma aceleração de 2% ao ano em uma obra avaliada em R$ 150 milhões, acarreta um impacto de R$ 3 milhões no orçamento do exercício. Essa mudança representa um prejuízo significativo e um desvio considerável no orçamento da prefeitura, podendo comprometer não apenas o cumprimento de metas de outras secretarias, mas também impactar o funcionamento do órgão como um todo. Além disso, ressalta-se a necessidade de redobrar a atenção em relação aos créditos suplementares como medida preventiva diante dessa possível contingência financeira e/ou orçamentária. Vejamos os exemplos construídos na matriz hipotética:

Figura 4 – Matriz de interesses elaborada com base num programa de capacitação

Programa de Capacitação em Informática Básica

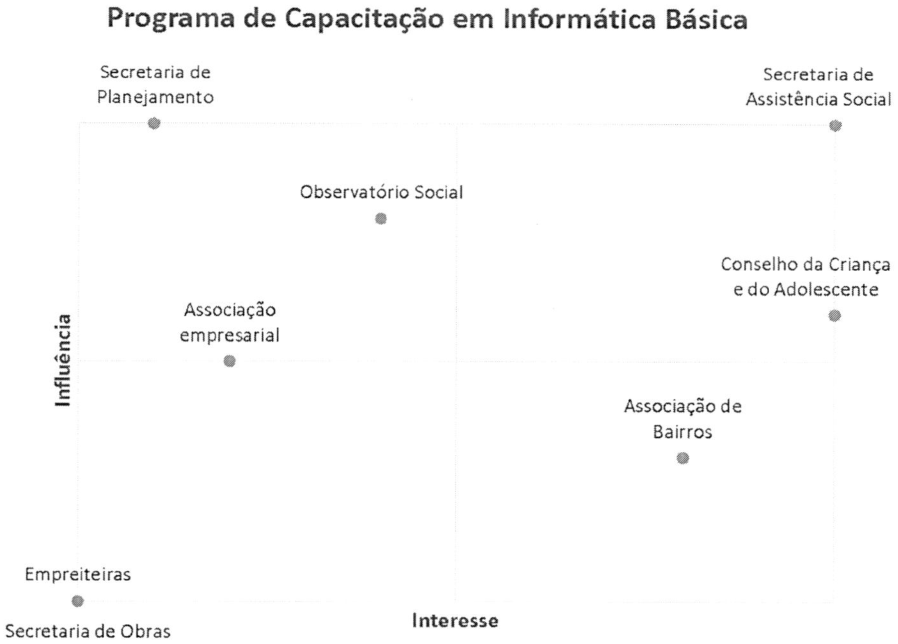

Fonte: elaborada pelo autor com apoio de Matheus Santiago (2024)

Figura 5 – Matriz de interesses elaborada com base numa obra viária

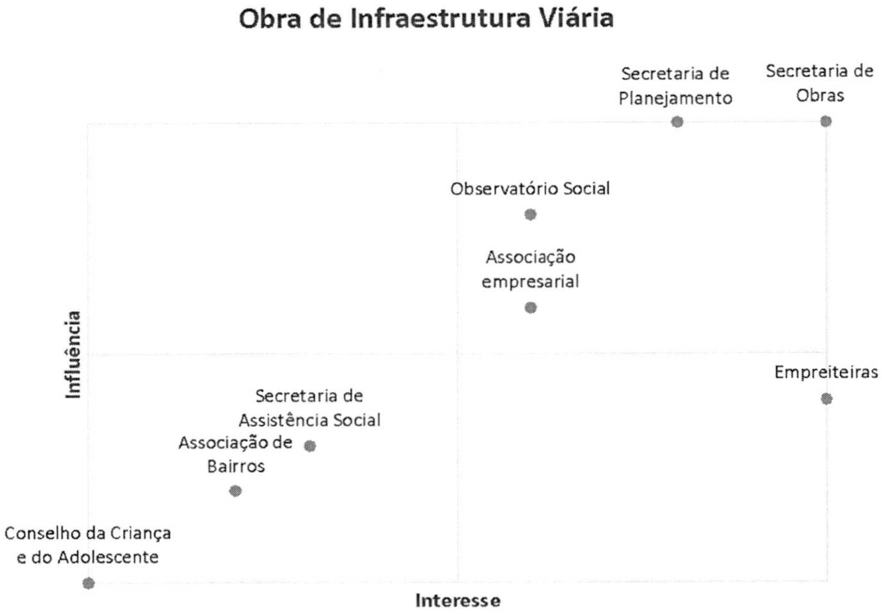

Obra de Infraestrutura Viária

Fonte: elaborada pelo autor com apoio de Matheus Santiago (2024)

Vamos agora direcionar nossa atenção para a Figura 5 que representa a matriz de infraestrutura viária. A Secretaria de Assistência Social, por exemplo, pode não evidenciar um grande interesse nesse projeto, especialmente se imaginarmos que a obra ocorrerá em uma região onde a secretaria tem pouca atuação. Por consequência, a aludida secretaria está posicionada no quadrante mais à esquerda e abaixo, indicando um interesse limitado e uma influência reduzida nesse projeto específico.

Contudo, se a obra viária acontecesse em um bairro onde os programas sociais desempenhassem um papel crucial e contassem com um número considerável de beneficiários, evidentemente a secretaria ocuparia o quadrante à direita e acima, sinalizando um alto interesse e uma influência significativa. A essência aqui reside em compreender o papel desempenhado por cada ator nesse processo. Portanto, a matriz se configura como uma ferramenta muito importante na construção de estratégias e na elaboração de planos táticos, possibilitando uma análise aprofundada das dinâmicas e das interações entre os diversos atores envolvidos, evitando possíveis conflitos e antecipando soluções.

As metodologias sugerem a divisão em quadrantes de forma a padronizar a atuação para cada grupo. Utilizar ou não esse formato de categorização após a concepção da matriz de interesse não é o que define se esse trabalho gera valor, mas sim o ato de identificar os *stakeholders* e ter clareza quanto ao tratamento de cada um, visto seu produto entre interesse e grau de influência.

Como vimos, a matriz de interesses desempenha um papel central ao mapear as motivações, influências e graus de poder dos atores envolvidos em políticas públicas. No entanto, é preciso reconhecer que a simples identificação desses interesses não elimina as tensões naturais entre os diversos *stakeholders*. Ao contrário, muitas vezes a estratégia governamental se encontra em um campo de conflitos de interesse, em que as dinâmicas de poder e os objetivos divergentes criam barreiras à implementação eficaz de políticas. Assim, compreender a interação estratégica entre esses conflitos e como antecipá-los torna-se essencial para a condução de qualquer iniciativa pública. A seguir, exploraremos a estratégia e a dinâmica dos conflitos, analisando como a gestão pública pode navegar nesse terreno complexo.

ESTRATÉGIA E A DINÂMICA DOS CONFLITOS

A formulação de estratégias no setor público está inevitavelmente ligada à dinâmica dos conflitos. Governos, ao lidar com questões sensíveis e estratégicas, enfrentam a necessidade de mediar e enfrentar interesses divergentes. Ignorar esses conflitos não apenas prejudica a eficácia do governo, mas impede a transformação social necessária para melhorar a qualidade de vida dos cidadãos. Dessa forma, enfrentar conflitos com uma abordagem estratégica não é uma escolha, mas uma necessidade para a administração pública.

Max Weber, ao abordar os conflitos sociais, salienta a centralidade do poder e da autoridade nas interações sociais. Ao explorar os conceitos de "poder e dominação", o sociólogo alemão define o Estado como uma entidade que busca com sucesso monopolizar o uso legítimo da força física em um território específico. Weber (1991) esclarece que o "território" é crucial para essa definição e que o "monopólio" se refere à legitimidade do uso da força, que pode assumir formas físicas, psíquicas, materiais ou emocionais. A "legitimidade" pode ser tradicional, carismática ou legal, e o Estado é a única fonte do "direito" de exercê-la.

Com base nos conceitos de Weber, o poder do Estado está intrinsecamente ligado à sua capacidade de resolver conflitos de interesse por meio do uso legítimo da força. No contexto prático, essa legitimidade torna-se crucial quando o governo enfrenta interesses particulares que entram em conflito com o bem-estar social mais amplo, como na temática da habitação social.

Agora, transportando esses conceitos para um contexto prático, imaginemos um município fictício. O prefeito almeja realizar um grande programa habitacional, pois esta é uma carência histórica de sua cidade. Todavia, o município dispõe de orçamento limitado e o custo elevado dos terrenos desafia a expansão urbana. Além disso, entraves legais surgem devido às áreas de preservação ambiental que cercam grande parte da cidade. As únicas áreas disponíveis para uma possível expansão urbana de interesse social são de propriedade de aliados políticos do prefeito, tornando qualquer alteração no Plano Diretor uma questão extremamente sensível.

Esses aliados políticos também financiaram boa parte das campanhas dos vereadores, que encaram com resistência medidas de combate à especulação imobiliária, aumento de tributos, exigências de loteamento efetivo ou mesmo desapropriação para um novo programa habitacional. Diante desse cenário, a possibilidade mais concreta é o poder público recorrer à sua autoridade e ao monopólio da força (valendo-nos de conceitos weberianos) para realizar uma desapropriação. Para a efetiva tomada de decisão neste cenário, é essencial o pensamento estratégico.

Diante desse contexto desafiador, algumas perguntas surgem:

- Quais são as reais alternativas que podem ser adotadas para superar os desafios da expansão urbana?

- Diante da delicada situação em que as únicas áreas disponíveis para expansão são propriedade de aliados políticos, como é possível promover mudanças no plano diretor sabendo da existência dos possíveis conflitos de interesse?

- Quais medidas (inclusive jurídicas) podem ser implementadas para enfrentar a oposição dos aliados políticos? Neste contexto, além de explorar as alternativas jurídicas disponíveis, como a desapropriação por interesse público, o gestor deve considerar também formas de negociação política que possam garantir um apoio mais amplo, evitando rupturas e garantindo a legitimidade do processo.

- Quais são as variáveis críticas a serem consideradas para compreender de maneira abrangente os problemas estratégicos relacionados à habitação nesse contexto?

- Quem são os possíveis aliados que podem desempenhar um papel-chave na administração municipal para superar esses obstáculos?

- Como negociar republicanamente e estabelecer uma comunicação eficaz com a Câmara Municipal e outros órgãos relevantes para garantir o apoio necessário à implementação de medidas habitacionais no município?

- Como convencer a opinião pública considerando que, embora ela não seja um ator típico, trata-se de um recurso essencial que pode influenciar o comportamento do Poder Legislativo?

Trata-se de um cenário hipotético, mas que se reproduz cotidianamente em muitas cidades brasileiras. Casos como este exigem mais do que decisões precipitadas, pois, embora a necessidade de justiça seja evidente e a desapropriação se apresente como a solução mais equitativa, sua implementação sem uma abordagem estratégica pode acarretar uma série de problemas. Isso inclui a possibilidade de o prefeito ser alvo de cassação na câmara municipal, influenciada pelo lobby desses empresários. Com o prefeito afastado do cenário político, o programa habitacional proposto pode jamais ser concretizado. Em outras palavras, mesmo diante da evidente necessidade de justiça, a decisão não deve ser tomada sem uma formulação estratégica que leve em consideração uma análise precisa do cenário, entre outros fatores.

Conforme destaca Matus (1996b), a formulação estratégica deve considerar diversos princípios fundamentais. No caso do programa habitacional, a avaliação eficaz da situação implica não apenas entender os obstáculos legais e orçamentários, mas também os interesses políticos em jogo. A harmonização entre recursos e objetivos pode envolver a criação de alternativas que permitam a expansão urbana sem recorrer à desapropriação direta, como incentivos para que os proprietários privados desenvolvam seus terrenos.

Portanto, a estratégia é mais do que um exercício de planejamento; é a ferramenta essencial para gerenciar conflitos, construir alianças e garantir que as políticas públicas sejam implementadas de forma sustentável e justa. Em um contexto de constante tensão entre interesses divergentes, o gestor público deve estar preparado para antecipar e mediar conflitos, sempre com foco na transformação social e no bem-estar da comunidade.

EM SÍNTESE

Este capítulo explorou o conceito de estratégia, que se mostrou fundamental não apenas para o sucesso de iniciativas governamentais, mas também para a própria estrutura de gestão pública. Partimos da origem militar do termo, que traz em seu cerne a ideia de um comando inteligente e calculado de recursos e ações, e demonstramos como esse conceito foi ampliado e aplicado à gestão pública. A estratégia não é um processo meramente técnico, mas uma ferramenta indispensável para a formulação de políticas públicas que buscam resultados concretos em um cenário de realidades complexas e mutáveis.

Com base na análise histórica, percebeu-se que a evolução da estratégia partindo do campo militar até as grandes corporações modernas foi essencial para adaptar essas práticas ao setor público. A integração da estratégia com a tática — elementos complementares, mas distintos em sua essência — constitui a espinha dorsal de um planejamento eficaz. Enquanto a estratégia oferece uma visão de longo prazo, o plano tático, por sua vez, garante que cada passo operacional seja executado de forma a alcançar os objetivos mais amplos da organização pública.

Destacou-se, ainda, o modelo dos 5 Ps de Henry Mintzberg, que proporcionou uma abordagem multifacetada para entender a estratégia no contexto da gestão pública. Sua visão plural, que inclui plano, pre-

O PODER DO PLANEJAMENTO
CONTEXTOS, REFLEXÕES E ESTRATÉGIAS PARA A EXCELÊNCIA NA GESTÃO PÚBLICA

texto, padrão, posição e perspectiva, revela que a estratégia deve ser compreendida não apenas como um roteiro estático, mas como uma prática dinâmica, em constante adaptação ao ambiente em que está inserida. Esse modelo nos lembra que a estratégia pode se manifestar tanto na forma de planos formais quanto em padrões de comportamento que emergem das interações cotidianas dos gestores públicos.

Outro ponto central abordado foi o "momento estratégico", conforme proposto por Carlos Matus, um conceito-chave para entender a viabilidade política das estratégias de governo. Matus enfatiza que uma estratégia eficaz no setor público deve ser capaz de lidar com os conflitos e pressões inerentes ao campo político. Essa perspectiva trouxe à tona a necessidade de considerar não apenas a capacidade técnica de um plano, mas também os jogos de poder, os interesses e as alianças que podem interferir na sua execução. O Planejamento Estratégico Situacional de Matus, com seus quatro momentos (Explicativo, Normativo, Estratégico e Tático-Operacional), reforça a ideia de que um bom planejamento deve ser flexível, pragmático e adaptável aos imprevistos e às complexidades sociais.

Dentro desse contexto, a importância de ferramentas como a matriz de interesses foi amplamente discutida. O uso da matriz permite mapear de forma visual os diferentes atores envolvidos, seus interesses, suas motivações e o grau de influência que exercem sobre o projeto. Essa abordagem não só melhora a clareza na formulação de estratégias, como também ajuda a prever potenciais resistências e a desenvolver táticas que minimizem os conflitos. Esse exercício de antecipação é crucial, principalmente em ambientes em que os interesses políticos e econômicos divergem e se sobrepõem.

Ao longo do capítulo, também foram apresentados exemplos práticos de como a ausência de uma estratégia resulta em uma implementação fragmentada e ineficaz de políticas públicas. Projetos de grande envergadura, como reformas urbanas ou programas habitacionais, não devem ser pensados sem uma articulação clara entre estratégia e tática. A análise de exemplos hipotéticos evidenciou que, sem uma liderança estratégica forte e uma visão de longo prazo, mesmo as melhores intenções podem se perder em meio à burocracia, às pressões políticas e à falta de coesão entre os diversos setores do governo.

Em última análise, a estratégia no setor público não é apenas uma ferramenta de planejamento, mas um processo contínuo de adaptação, revisão e interação com o ambiente externo. Isso significa que gestores públicos precisam desenvolver uma sensibilidade apurada para os cenários sociais, políticos e econômicos em que operam. A estratégia deve ser tanto uma forma de navegar pelas complexidades do presente quanto um instrumento para moldar o futuro, garantindo que as políticas públicas alcancem seu verdadeiro potencial de transformação social.

Essa reflexão sobre a estratégia no contexto da gestão pública nos conduz à conclusão de que não há um caminho simples ou predeterminado para o sucesso. A construção de uma estratégia robusta demanda um olhar crítico sobre as múltiplas forças em jogo, o alinhamento de interesses diversos e a criação de mecanismos que possibilitem ajustes contínuos. Somente dessa forma as administrações públicas estarão preparadas para enfrentar os desafios cada vez mais complexos que se apresentam, garantindo a geração de valor público e o bem-estar da sociedade.

CONSIDERAÇÕES FINAIS

Uma coisa é pôr ideias arranjadas, outra é lidar com país de pessoas, de carne e sangue, de mil e tantas misérias... De sorte que carece de se escolher... Tanta gente — Dá susto se saber — e nenhum se sossega: todos nascendo, crescendo, se casando, querendo colocação de emprego, comida, saúde, riqueza, ser importante, querendo chuva e negócios bons...

(João Guimarães Rosa)

Na epígrafe desta conclusão, o genial João Guimarães Rosa dá voz a Riobaldo Tatarana, o protagonista de *Grande sertão: veredas*, seu romance aclamado mundialmente. Riobaldo é o sertanejo que caminha pelas veredas da vida, um protagonista que, ao mesmo tempo que busca sentido, se depara com a dureza do mundo, onde "gente é bicho esquisito, cheio de vontades e faltas". Ele encarna a luta diária do brasileiro, que se ergue diante das dificuldades, atravessando a vastidão das misérias e aspirações, como alguém que tenta reconciliar a vastidão do sertão com a imensidão de seus sonhos.

Guimarães Rosa, ao dar voz a Riobaldo, revela a complexidade de um Brasil multifacetado, que "carece de se escolher", porque o ato de escolher é, em si, um exercício de planejamento. É no ato de escolher que se revela a essência do planejamento público: não como uma ciência exata, mas como uma arte que se equilibra entre as aspirações de uma multidão de "pessoas de carne e sangue". O sertão de Riobaldo é também o sertão de cada brasileiro, um espaço em que as questões mais fundamentais se manifestam na busca por dignidade, emprego, saúde, por uma vida que transcenda a mera sobrevivência.

Na jornada de Riobaldo, há um traço universal: o desejo de ser e de fazer diferente. Ele é, de certo modo, o arquétipo do gestor público que caminha pelos labirintos das políticas e das ações governamentais, lidando com escolhas difíceis, dilemas éticos e a necessidade constante de equilibrar sonhos com a realidade. Riobaldo é o brasileiro que se aventura na travessia, que sabe que o planejamento não se faz apenas com números e gráficos, mas com a compreensão das veredas humanas, com a sensibilidade de quem entende que cada vida tem seu próprio ritmo e sua própria dor.

Assim como Riobaldo precisa entender o sertão para traçar seu caminho, o gestor público deve compreender o contexto social, econômico e político em que atua. Sem um diagnóstico preciso, as ações governamentais correm o risco de fracassar, pois ignoram as causas profundas dos problemas que se propõem a resolver. O diagnóstico, portanto, não é apenas um passo inicial do planejamento; é o alicerce sobre o qual todas as ações subsequentes devem ser construídas. Só com uma análise clara da realidade é possível formular estratégias eficazes que realmente respondam às necessidades da população e que levem a mudanças concretas.

Essa travessia de Riobaldo nos conduz à essência do que é planejar: um ato de coragem e de amor à vida. Planejar é, antes de tudo, um compromisso com as pessoas, um esforço para construir um caminho em meio às adversidades. E, como Riobaldo, o gestor público deve ser um caminhante que, mesmo diante das incertezas, segue em frente, guiado pelo desejo de fazer do sertão um lugar mais habitável, em que a justiça, a equidade e o respeito à vida se tornam práticas concretas. Planejamento, neste sentido, é uma travessia ética, que exige do gestor uma postura de escuta, de humildade e de compromisso com a coletividade.

Portanto, ao concluir esta obra, reconhecemos que o verdadeiro planejamento público é mais do que uma técnica ou uma metodologia. Ele é um ato de viver em sociedade, um compromisso com o outro, com as futuras gerações e com a ideia de que é possível, sim, transformar as veredas em caminhos de esperança. A história de Riobaldo nos lembra que planejar é, em última instância, lidar com as "mil e tantas misérias" de um povo, mas também com suas incontáveis forças e esperanças. É um exercício contínuo de olhar para o futuro sem perder de vista o presente, de construir um amanhã mais justo, enquanto se caminha pelas trilhas incertas do hoje.

Esta obra mesclou experiências práticas com reflexões teóricas e trouxe um convite à revisão da trajetória percorrida e das aprendizagens acumuladas ao longo do processo. Este livro nasceu da necessidade de compreender e aprimorar o planejamento público, não como um conceito estático, mas como uma prática viva e dinâmica que influencia diretamente a qualidade de vida em sociedade.

Ao embarcar nesta jornada, buscou-se entrelaçar diferentes perspectivas e conhecimentos, explorando a profundidade e a complexidade que o planejamento público encerra. O objetivo foi promover um diálogo entre teoria e prática, evidenciando como estratégias bem estruturadas podem se transformar em ações concretas que promovem justiça, prosperidade e sustentabilidade.

Assim, o planejamento não deve ser visto como uma temática restrita aos técnicos e aos "planejadores oficiais". É um arcabouço multidisciplinar e plural, essencial para a construção de um futuro mais justo, próspero e sustentável. Ao longo destas páginas, procurou-se revelar a complexidade do planejamento, que transcende as fronteiras da tecnocracia e abrange elementos transdisciplinares — políticos, sociais, culturais e filosóficos. Quando bem compreendido e aplicado, o planejamento se torna um instrumento vital, capaz de articular diferentes áreas do conhecimento na formulação de estratégias que atendam às reais necessidades da sociedade. É essencial reconhecer que o planejamento não é apenas uma atividade técnica, mas uma prática que envolve a interação de múltiplos saberes, dialogando com a realidade concreta e os anseios da população.

Nesse contexto, o planejamento ultrapassa a simples operacionalização de políticas públicas, configurando-se como um guia orientador para a construção de uma sociedade que respeite os princípios de justiça e equidade. Deve ser visto como uma expressão de vontade coletiva, em que a gestão pública se alinha aos valores éticos fundamentais, priorizando o bem comum e a sustentabilidade em longo prazo. Cada decisão tomada no processo de planejamento reflete, assim, um compromisso não apenas com o presente, mas com as gerações futuras, garantindo que as ações de hoje pavimentem o caminho para um amanhã mais inclusivo e próspero.

Outra história que oferece uma metáfora poderosa para os desafios do planejamento e da execução no setor público é dos personagens Neo e Morpheus no filme *Matrix* (1999), dirigido e escrito por Lilly e Lana Wachowski. Nesse filme, que se tornou um marco nos gêneros de ação e ficção científica, Keanu Reeves interpreta Neo, um programador que descobre que o mundo em que vive é, na verdade, uma simulação computacional criada para manter a humanidade em cativeiro. Laurence Fishburne dá vida a Morpheus, o mentor que guia Neo nessa revelação e na luta para libertar a humanidade.

Ao longo da trama, Neo é confrontado com a ideia de que ele pode ser o "Escolhido", destinado a salvar a humanidade. No entanto, ele hesita, buscando uma certeza racional para assumir essa responsabilidade. Morpheus, então, lhe ensina uma lição que ressoa muito além da ficção: "Neo, cedo ou tarde você entenderá, assim como eu, que existe uma diferença entre saber o caminho e andar pelo caminho". Essa distinção entre conhecimento e ação é central para o desenvolvimento do personagem e oferece uma reflexão profunda que pode ser aplicada em várias áreas, especialmente no planejamento público.

Aristóteles, em sua Ética a Nicômaco, oferece uma perspectiva filosófica que complementa essa metáfora moderna. Para o filósofo, a virtude e o conhecimento ético não podem ser alcançados apenas por meio da teoria; eles precisam ser cultivados mediante a prática constante. Aristóteles descreve essa sabedoria prática como *phronesis*, a habilidade de aplicar o conhecimento teórico de maneira eficaz na vida cotidiana. Ele afirma: "não estudamos a ética para saber o que é a virtude, mas para nos tornarmos bons, pois do contrário, o estudo seria inútil" (Aristóteles, 2009, p. 35). Assim como no caso de Neo, o verdadeiro valor do conhecimento está em sua aplicação prática.

Essas lições são especialmente relevantes no contexto do planejamento público. Saber o que precisa ser feito — seja no desenvolvimento de políticas públicas, seja na gestão de projetos — é apenas o primeiro passo. A verdadeira medida do sucesso está na execução, na capacidade de transformar planos teóricos em ações concretas que gerem resultados positivos para a sociedade. A liderança desempenha um papel crucial nesse processo, ao unir teoria e prática, garantindo, assim, que o planejamento resulte em mudanças tangíveis e duradouras.

O personagem Morpheus e o pensamento de Aristóteles, cada um à sua maneira, nos lembram que a verdadeira transformação exige mais do que conhecimento teórico. No campo do planejamento público, isso significa que, além de elaborar estratégias bem fundamentadas, é essencial que se tenha a capacidade de implementá-las de maneira eficaz. A liderança é o elemento que possibilita essa transição do plano para a ação, assegurando que o conhecimento seja traduzido em resultados concretos.

Assim como Neo, na jornada para descobrir seu papel no mundo em *Matrix*, o gestor público precisa mais do que apenas entender o que deve ser feito — ele deve ter a coragem e a capacidade de agir. A verdadeira transformação, tanto no filme quanto na realidade, está na ação. Planejar sem executar é como conhecer o caminho sem jamais trilhá-lo. No planejamento público, a liderança estratégica é o elemento que possibilita essa transição: ela garante que os diagnósticos precisos e as estratégias desenhadas sejam de fato implementados, gerando resultados concretos e impactantes na vida das pessoas.

A reflexão filosófica que fundamenta esta obra serve como alicerce para uma discussão profunda sobre as bases conceituais do planejamento público. Orientado pelo bem comum, o planejamento é apresentado como uma prática que exige dos gestores uma visão que transcende o imediato, envolvendo uma compreensão profunda das realidades sociais, econômicas e políticas. Planejar, portanto, não é apenas organizar ações para o futuro, mas também moldar as condições para que todos possam viver com dignidade e justiça.

Ao analisar a evolução histórico-conceitual do planejamento público no Brasil, tornaram-se evidentes os avanços e os desafios enfrentados ao longo da complexa trajetória do país. O planejamento público brasileiro evoluiu de uma prática rudimentar para um sistema mais complexo e sofisticado, alinhado às boas práticas internacionais e às idiossincrasias da contemporaneidade, configurando-se hoje como um instrumento capaz de responder aos desafios do século XXI. No entanto, essa evolução não tem sido isenta de obstáculos, como as crises políticas e econômicas que, por muitas vezes, comprometeram a continuidade e a eficácia das políticas públicas.

Um aspecto essencial destacado ao longo do texto é a importância de um diagnóstico preciso como fundamento para qualquer planejamento eficaz. Sem um entendimento claro da realidade e das necessidades da população, o planejamento corre o risco de se tornar irrelevante e desconectado das verdadeiras demandas sociais. O diagnóstico emerge, portanto, como o fundamento sobre o qual se deve construir toda a estratégia de intervenção governamental, garantindo que as políticas públicas respondam às necessidades identificadas e sejam implementadas de maneira eficaz e sustentável, promovendo mudanças concretas e positivas na vida das pessoas.

A sinergia entre planejamento e governança foi outro tema central abordado. O planejar e o governar foram apresentados como processos interdependentes, cuja eficácia depende da harmonia entre ambos. A gestão pública eficaz exige a elaboração de planos estratégicos e a execução inteligente, adaptável e transparente. Essa integração entre planejamento e governança é fundamental para que as políticas públicas possam alcançar seus objetivos de forma efetiva e sustentável.

Além disso, as estratégias essenciais para uma gestão pública eficaz foram amplamente discutidas. A integração entre planejamento, coordenação, definição de prioridades e capacitação de equipes mostrou-se fundamental para transformar a administração pública, tornando-a mais eficiente e responsiva às necessidades da sociedade. Essas estratégias precisam ser flexíveis, adaptáveis e, acima de tudo, alinhadas às especificidades de cada contexto, respeitando as particularidades culturais, sociais e econômicas das comunidades.

Embora o setor público e o privado operem sob lógicas diferentes, ambos compartilham a necessidade de estratégias eficazes. Na gestão pública, a adaptabilidade e a capacidade de mobilizar diversos atores são fundamentais. No entanto, algumas lições aprendidas no setor privado podem enriquecer o planejamento público, como a criação de indicadores de desempenho claros e a implementação de processos ágeis, que podem aumentar a eficiência na prestação de serviços. Da mesma forma, a flexibilidade presente nas metodologias privadas, como o planejamento baseado em cenários, pode ser adaptada ao ambiente público, especialmente diante das incertezas políticas, econômicas e sociais.

No campo da gestão estratégica, a obra posiciona a estratégia como o elemento central e indispensável para a eficácia de um planejamento público. Longe de ser um acessório, a estratégia é a espinha dorsal de todo o processo de gestão. Diversos autores foram citados para reforçar essa perspectiva, destacando que uma abordagem estratégica eficaz vai além do conhecimento técnico; ela requer uma visão abrangente, transdisciplinar e integrada, capaz de captar as múltiplas forças que moldam o ambiente público. Para que o planejamento público seja eficiente, justo e sustentável, é imperativo compreender as dinâmicas de poder, os interesses conflitantes e as oportunidades que emergem de um cenário em constante transformação.

Além disso, o planejamento público carrega consigo um compromisso ético intergeracional. Cada decisão tomada hoje molda o futuro das próximas gerações, o que impõe aos gestores a responsabilidade de planejar não apenas para o presente, mas requer uma visão que abranja as necessidades futuras. O sucesso do planejamento público se revela quando suas ações garantem não só a eficiência administrativa imediata, mas também a sustentabilidade e a equidade para as gerações vindouras.

A integração entre teoria e prática, elemento presente ao longo de diversos capítulos, diferencia este livro de manuais técnicos ou relatos isolados. A obra se apresenta como uma combinação entre análise acadêmica, percepções de um gestor curioso e a aplicação prática desse conhecimento em contextos reais e dinâmicos. Essa integração é essencial, pois o verdadeiro valor do planejamento público reside em sua capacidade de transformar teorias abstratas em ações concretas e efetivas. Ao unir essas dimensões, o texto não apenas informa, mas também inspira e capacita gestores a aplicar estratégias que são tanto fundamentadas quanto inovadoras, garantindo que o planejamento se mantenha relevante e eficaz diante dos desafios contemporâneos.

A inclusão da sociedade civil no processo de planejamento foi destacada como essencial para a eficácia e legitimidade das políticas públicas. O planejamento público não pode prescindir da participação popular, que é uma garantia constitucional e fortalece a democracia, assegurando que as decisões governamentais reflitam as reais necessidades e aspirações da população. A participação social é mais do que desejável; é essencial para que as políticas sejam tecnicamente sólidas e legitimadas pelo engajamento direto dos cidadãos.

Assim, é necessário integrar mecanismos eficazes de participação social no planejamento, garantindo que a voz da população seja ouvida e considerada em todas as etapas do processo decisório. Quando a sociedade civil participa ativamente, o resultado é um planejamento mais justo, inclusivo e adaptável às mudanças sociais. Um planejamento verdadeiramente democrático e eficaz só pode ser alcançado com a colaboração ativa entre o poder público e a sociedade, respeitando os direitos e garantias fundamentais estabelecidos pela Constituição.

A obra também discutiu a distinção entre gestão pública e privada, não como esferas opostas, mas como âmbitos que, embora compartilhem metodologias, operam sob lógicas fundamentalmente distintas. A administração pública exige uma abordagem que considere suas especificidades legais, sociais e políticas, algo que vá além das práticas comuns no setor privado. No entanto, essa distinção não deve ser vista como uma barreira intransponível, mas como uma oportunidade para que um setor aprenda com o outro.

Metodologias de planejamento estratégico situacional, que surgiram na gestão pública, podem ser eficazmente aplicadas na gestão privada, oferecendo uma perspectiva mais abrangente e adaptável às complexidades do mercado. Da mesma forma, estratégias desenvolvidas por pensadores como Henry Mintzberg e Michael Porter, amplamente adotadas no setor privado, enriquecem o pensamento de planejamento na área pública, trazendo abordagens inovadoras que podem tornar a gestão pública mais eficiente e estratégica. Essa troca de conhecimentos e práticas entre os dois setores fortalece o planejamento e a execução das políticas públicas, promovendo uma gestão alinhada aos princípios de justiça, sustentabilidade, governança, eficácia e equidade, que devem nortear o serviço público.

Planejar, nesse sentido, é tanto um compromisso transgeracional quanto uma responsabilidade imediata, enraizado em uma dimensão ética que permeia todo o processo. Isso significa promover mudanças que melhorem a vida das pessoas no presente, enquanto se constrói um futuro mais justo e sustentável. O planejamento público deve equilibrar essas duas dimensões, atendendo às demandas atuais com eficácia e justiça, ao mesmo tempo que se estabelecem as bases para uma sociedade que valorize a dignidade humana e o bem-estar das gerações futuras.

Nesse amplo contexto social, político, econômico, cultural e filosófico, o planejamento público se afirma como uma força transformadora, capaz de responder às tantas necessidades urgentes do presente enquanto molda as possibilidades de um futuro socialmente e economicamente justo, ambientalmente responsável, culturalmente plural, educacionalmente emancipador e filosoficamente virtuoso. Cada decisão tomada, cada estratégia erigida e cada política pública elaborada carregam consigo o imenso potencial de impactar vidas, hoje e amanhã, criando um círculo virtuoso de desenvolvimento humano e planetário contínuo. Ao unir a ação para solução das carências imediatas à visão de longo prazo (consciência intergeracional), o planejamento público se estabelece como um processo dinâmico e essencial para garantir que as conquistas de hoje se tornem os alicerces de uma sociedade muito melhor no futuro.

REFERÊNCIAS

ABBAGNANO, Nicola, 1901-1990. *In*: DICIONÁRIO de filosofia. Tradução da 1ª edição brasileira coordenada e revista por Alfredo Bossi. Revisão da tradução e tradução dos novos textos por Ivone Castilho Benedetti. 5. ed. São Paulo: Martins Fontes, 2007. p. 1003.

ALVES, Denysard O.; SAYAD, João. O plano estratégico de desenvolvimento (1968-1970). *In*: LÁFER, Betty Mindlin. **Planejamento no Brasil**. São Paulo: Perspectiva, 1987. p. 91-116.

ALVES, Marco Antonio. O modelo incremental como teoria para o processo orçamentário. **Revista brasileira de planejamento e orçamento**, Brasília, DF, v. 6, n. 2, p. 124-137, 2016.

ANSELL, Chris; GASH, Alison. Collaborative governance in theory and practice. **Journal of public administration research and theory**, Reino Unido, Oxford University Press, v. 18, n. 4, p. 543-571, 2008.

ARENDT, Hannah. **The origins of totalitarianism**. New York: Schocken Books, 2004.

ARISTÓTELES. **Ética a Nicômaco**. Tradução de Mário da Gama Kury. 2. ed. Brasília: Editora Universidade de Brasília, 2009.

ARISTÓTELES. **Política**. Tradução de Mário da Gama Kury. 2. ed. Brasília: Editora Universidade de Brasília, 2013.

AVELINO, Roseli; SANTOS, Eduardo Gomor dos; BEZERRA, Elton Bernardo Bandeira de Melo. Marias e Marielles no planejamento governamental: mais sujeitos, mais saberes e mais democracia no Estado brasileiro. **Campo de públicas**: conexões e experiências, Belo Horizonte, v. 1, n. 1, p. 42, jan./jun. 2022. Disponível em: http://fjp.mg.gov.br/revista-campo-de-publicas-conexoes-e-experiencias. Acesso em: 20 set. 2024.

BERCOVICI, Gilberto. **Desigualdades regionais, Estado e Constituição**. São Paulo: Malheiros Editores, 2005.

BIASOTO JUNIOR, Geraldo. **A questão fiscal no contexto da crise do pacto desenvolvimentista**. Tese (Doutorado em Economia) – Instituto de Economia, Unicamp, Campinas, 1995.

BINENBOJM, G. O dever de eficiência na administração pública. **Revista de Direito Administrativo**, Rio de Janeiro, v. 272, p. 37-56, 2016.

BRASIL. **Constituição da República Federativa do Brasil**. Brasília, DF: Senado Federal, 1988a.

BRASIL. **Decreto nº 4.536, de 28 de janeiro de 1922**. Organiza o Código de Contabilidade da União. Brasília, DF: Presidência da República, 1922. Disponível em: https://www.planalto.gov.br/ccivil_03/decreto/Historicos/DPL/DPL4536-1922.htm. Acesso em: 17 jan. 2025.

BRASIL. **Lei nº 4.771, de 15 de setembro de 1965**. Institui o novo Código Florestal. Brasília, DF: Presidência da República, 1965. Disponível em: http://www.planalto.gov.br/ccivil_03/leis/1965/L4771.htm. Acesso em: 10 set. 2024.

BRASIL. **Lei nº 6.766, de 19 de dezembro de 1979**. Dispõe sobre o Parcelamento do Solo Urbano e dá outras providências. Brasília, DF: Presidência da República, 1979. Disponível em: http://www.planalto.gov.br/ccivil_03/leis/1979/L6766.htm. Acesso em: 10 set. 2024.

BRASIL. **Lei nº 8.080, de 5 de outubro de 1988**. Dispõe sobre as condições para a promoção, proteção e recuperação da saúde, a organização e o funcionamento dos serviços correspondentes e dá outras providências. Brasília, DF: Presidência da República, 1988. Disponível em: https://www.planalto.gov.br/ccivil_03/leis/l8987cons.htm. Acesso em: 7 mar. 2025.

BRASIL. **Lei nº 8.987, de 13 de fevereiro de 1995**. Dispõe sobre o regime de concessão e permissão da prestação de serviços públicos previsto no art. 175 da Constituição Federal, e dá outras providências. Brasília, DF: Presidência da República, 1995. Disponível em: http://www.planalto.gov.br/ccivil_03/constituicao/constituicao.htm. Acesso em: 10 set. 2024.

BRASIL. **Lei nº 9.394, de 20 de dezembro de 1996**. Estabelece as diretrizes e bases da educação nacional. Brasília, DF: Presidência da República, 1996. Disponível em: http://www.planalto.gov.br/ccivil_03/leis/1996/L9394.htm. Acesso em: 10 set. 2024.

BRASIL. **Lei nº 9.504, de 30 de setembro de 1997**. Estabelece normas para as eleições. Brasília, DF: Presidência da República, 1997. Disponível em: http://www.planalto.gov.br/ccivil_03/leis/l9504.htm. Acesso em: 21 ago. 2024.

BRASIL. **Lei Federal nº 10.257, de 10 de julho de 2001**. Regulamenta os arts. 182 e 183 da Constituição Federal, estabelece diretrizes gerais da política urbana e dá outras providências. Brasília, DF: Presidência da República, 2001. Disponível em: http://www.planalto.gov.br/ccivil_03/leis/2001/L10257.htm. Acesso em: 10 set. 2024.

BRASIL. **Lei nº 10.609, de 20 de dezembro de 2002**. Dispõe sobre a instituição de equipe de transição pelo candidato eleito para o cargo de Presidente da República, cria cargos em comissão, e dá outras providências. Brasília, DF: Presidência da República, 2002. Disponível em: http://www.planalto.gov.br/ccivil_03/leis/2002/L10609.htm. Acesso em: 21 ago. 2024.

BRASIL. **Lei nº 11.445, de 5 de janeiro de 2007**. Estabelece as diretrizes nacionais para o saneamento básico; cria o Comitê Interministerial de Saneamento Básico; altera as Leis nº 6.766, de 19 de dezembro de 1979, nº 8.666, de 21 de junho de 1993, e nº 8.987, de 13 de fevereiro de 1995; e revoga a Lei nº 6.528, de 11 de maio de 1978. Brasília, DF: Presidência da República, 2007. Disponível em: http://www.planalto.gov.br/ccivil_03/leis/2007/L11445.htm. Acesso em: 10 set. 2024.

BRASIL. **Lei nº 13.005, de 25 de junho de 2014**. Aprova o Plano Nacional de Educação – PNE e dá outras providências. Brasília, DF: Presidência da República, 2014. Disponível em: http://www.planalto.gov.br/ccivil_03/leis/2014/L13005.htm. Acesso em: 10 set. 2024.

BRASIL. **Lei nº 14.904, de 27 de junho de 2024**. Estabelece diretrizes para a elaboração de planos de adaptação à mudança do clima; altera a Lei nº 12.114, de 9 de dezembro de 2009; e dá outras providências. Brasília, DF: Presidência da República, 2024. Disponível em: http://www.planalto.gov.br/ccivil_03/leis/2024/L14904.htm. Acesso em: 10 set. 2024.

BRESSER-PEREIRA, Luiz Carlos; PAULANI, Leda. **Macroeconomia da estagnação**: crítica da ortodoxia convencional no Brasil pós-1994. São Paulo: Editora 34, 2007.

BRYSON, John M. **Strategic planning for public and nonprofit organizations**: a guide to strengthening and sustaining organizational achievement. 3. ed. San Francisco: Jossey-Bass, 2004.

CAMPOS, Roberto de Oliveira. **Lanterna na popa**: memórias. Rio de Janeiro: Topbooks, 1994.

CARDOSO JUNIOR, José Celso Pereira. **Planejamento governamental e gestão pública no Brasil**: elementos para ressignificar o debate e capacitar o Estado. Brasília: Ipea, 2011.

CARDOSO JUNIOR, José Celso; SANTOS, Eugenio A. **PPA 2012-2015**: experimento institucional e resistência burocrática. Brasília: Ipea, 2015.

CARNEIRO, Ricardo; MENICUCCI, Telma Maria Gonçalves. Gestão pública no século XXI: as reformas pendentes. *In*: FUNDAÇÃO OSWALDO CRUZ. **A saúde no Brasil em 2030**: prospecção estratégica do sistema de saúde brasileiro: desenvolvimento, Estado e políticas de saúde. Rio de Janeiro: Fiocruz; Ipea; Ministério da Saúde/Secretaria de Assuntos Estratégicos da Presidência da República, 2013. v. 1, p. 135-194. E-book.

CARVALHO FILHO, José dos Santos. Políticas públicas e pretensões judiciais determinativa. *In*: FORTINI, Cristiana; ESTEVES, Júlio César dos Santos; DIAS, Maria Tereza Fonseca (org.). **Políticas públicas**: possibilidades e limites. Belo Horizonte: Fórum, 2008. p. 107-125.

CARVALHO, M. **Cooperação federativa e o papel dos municípios**. Brasília: Editora do Senado, 2015.

CAVALCANTI, Maria Fernanda Rios. Estudos organizacionais e filosofia: a contribuição de Deleuze. **Revista de Administração de Empresas**, São Paulo, FGV/EAESP, v. 56, n. 2, p. 182-191, 2016. Disponível em: https://www.scielo.br/j/rae/a/vgzkmMqKWBCW4nxWMvSqxpM/#. Acesso em: 24 dez. 2023.

CHANTRAINE, Pierre Louis. **Dictionnaire étymologique de la langue grecque**. Paris: Klincksieck, 1968.

CHIAVENATO, Idalberto.; SAPIRO, Arão. **Planejamento estratégico**. Rio de Janeiro: Elsevier, 2000.

CHRISTENSEN, Carl Roland; ANDREWS, Kenneth Richmond; BOWER, Joseph Lawrence; HAMERMESH, Richard George; PORTER, Michael Eugene. **Business policy**: text and cases. 5. ed. Homewood: Richard D. Irwin, 1982.

COMPARATO, Fábio Konder. **O indispensável direito econômico**. São Paulo: Saraiva, 2015.

COUTO, Ronaldo Costa. **Juscelino Kubitschek**. 2. ed. Brasília: Câmara dos Deputados, Edições Câmara; Senado Federal, Edições Técnicas, 2020. E-book.

COUTO, Ronaldo Costa. **Juscelino Kubitschek**: a grande marcha. Rio de Janeiro: Record, 2004.

DE BOTTON, Alain. **Os consolos da filosofia**. Rio de Janeiro: Rocco, 2016.

DE BOTTON, Alain. Para que serve a arte? **Folha de S. Paulo**, São Paulo, 23 ago. 1998. Caderno Mais!. Disponível em: https://www1.folha.uol.com.br/fsp/mais/fs23089803.htm. Acesso em: 26 jun. 2024.

DE BOTTON, Alain. **The art of travel**. Vintage, 2016.

DE TONI, Jackson. O futuro do planejamento governamental no Brasil, políticas públicas e crise institucional. *In*: CONGRESSO LATINOAMERICANO DE CIÊNCIA POLÍTICA, 9., 2017, Montevidéu. **Anais** [...]. Montevidéu: Alacip, 2017.

DE TONI, Jackson. **O planejamento estratégico governamental**: reflexões metodológicas e implicações na gestão pública. Curitiba: InterSaberes, 2016.

DE TONI, Jackson. **Reflexões sobre o planejamento estratégico no setor público**. Brasília: Enap, 2021. Il. (Cadernos Enap, 84).

DENHARDT, Janet Vinzant; DENHARDT, Robert Behn. **The new public service**: serving, not steering. New York: M.E. Sharpe, 2007.

DEWEY, John. **Democracy and education**: an introduction to the philosophy of education. New York: Macmillan, 1916.

FEITOSA, Lara Isabela. **Autonomia municipal?**. São Paulo: Lumen Juris, 2017.

FINLEY, Moses Israel. **Politics in the ancient world**. Cambridge University Press, 1983.

FOUCAULT, Michel. **A hermenêutica do sujeito**: curso dado no Collège de France (1981-1982). São Paulo: Martins Fontes, 2006.

FOUCAULT, Michel. **Microfísica do poder**. Tradução de Roberto Machado. 29. ed. Rio de Janeiro: Graal, 2017. Originalmente publicada em 1978.

FREITAS, Juarez. **O controle dos atos administrativos e os princípios fundamentais**. 4. ed. São Paulo: Malheiros, 2014.

GONTIJO, Vander. Orçamento da União: evolução histórica no Brasil. **Câmera dos Deputados**, Brasília, DF, set. 2004. Disponível em: https://www2.camara.leg.br/orcamento-da-uniao/cidadao/entenda/cursopo/HistoricoBrasil. Acesso em: 17 jan. 2025.

GREMAUD, Amaury Patrick; PIRES, Júlio Manuel. "Metas e bases" e I Plano Nacional de Desenvolvimento: I PND (1970-1974). *In*: KON, Anita. **Planejamento no Brasil II**. São Paulo: Perspectiva, 1999.

HABERMAS, Jürgen. **A nova mudança estrutural da esfera pública**: levada a cabo pelo progresso tecnológico da comunicação digitalizada. Tradução de Denilson Luís Werle. São Paulo: Unesp, 2023.

HABERMAS, Jürgen. **Mudança estrutural da esfera pública**: investigações quanto a uma categoria da sociedade burguesa. Tradução de Flávio R. Kothe. Rio de Janeiro: Tempo Brasileiro, 1984.

HADDAD, Paulo Roberto. Estabilidade monetária e desenvolvimento sustentável. *In*: 10 CRÔNICAS sobre o presente e o futuro da economia brasileira. Belo Horizonte: Aeri: BH Press: Fórum do Futuro, 2024.

IANNI, Octavio. **A formação do Estado populista na América Latina**. São Paulo: Brasiliense, 1986.

IANNI, Octavio. **Estado e planejamento econômico no Brasil (1930-1970)**. Rio de Janeiro: Civilização Brasileira, 1970.

IANNI, Octávio. **Estado e planejamento econômico no Brasil**. Rio de Janeiro: Civilização Brasileira, 1986.

JASPERS, Karl. **Introdução ao pensamento filosófico**. São Paulo: Cultrix, 2006.

JONES, Campbell; BOS, René Ten (ed.). **Philosophy and organization**. London: Routledge, 2007.

KAGAN, Donald. **Pericles of Athens and the birth of democracy**. New York: Simon and Schuster, 1991.

KON, Anita. Introdução: a experiência brasileira de planejamento público federal. *In*: KON, Anita (org.). **Planejamento no Brasil II**. São Paulo: Perspectiva, 1999.

KON, Anita. **O planejamento no Brasil**. São Paulo: Hucitec, 1999.

LAFER, Celso. **JK e o Programa de Metas (1956-61):** o processo de planejamento e o sistema político no Brasil. Tradução de Maria Victoria de Mesquita Benevides. Rio de Janeiro: Editora FGV, 2002. Originalmente publicado em 1970.

LAFER, Celso. O planejamento no Brasil: observações sobre o plano de metas (1956-1961). *In*: MINDLIN, Betty (org.). **Planejamento no Brasil**. 5. ed. São Paulo: Perspectiva, 2003. Originalmente publicado em 1970.

LOPES, Lucas. **Memórias do desenvolvimento**. Rio de Janeiro: Centro de Memória da Eletricidade no Brasil, 1991. (Programa de História Oral do CPDOC/FGV).

LUCENA, André. Atlas: brasileiros veem criminalidade e corrupção como os maiores problemas do país. **Carta Capital**, São Paulo, 6 fev. 2024. Disponível em: https://www.cartacapital.com.br/politica/atlas-brasileiros--veem-criminalidade-e-corrupcao-como-os-maiores-problemas-do-pais/. Acesso em: 29 set. 2024.

MACHADO, Roberto Cabral de Melo. **Deleuze, a arte e a filosofia**. Rio de Janeiro: Jorge Zahar Editor, 2009.

MACIEL, Carlos. **História econômica do Brasil**. São Paulo: Saraiva, 1989.

MAQUIAVEL, Nicolau. **O príncipe**. São Paulo: Hedra, 2007.

MARIN, Pedro de Lima; ALMEIDA, Mariana Neubern de Souza. Orçamento regionalizado como ferramenta de combate às desigualdades socioespaciais: reflexões a partir do PPA 2022-2025 do município de São Paulo. **Boletim de Análise Político-Institucional**, Brasília, DF, Ipea, n. 34, p. 101-112, mar. 2023.

MARTINS, Luciano. **O poder político no Brasil**. Rio de Janeiro: Zahar, 1985.

MARTONE, Celso Luiz. Análise do Plano de Ação Econômica do Governo (Paeg) (1964-1966). *In*: LÁFER, Betty Mindlin. **Planejamento no Brasil**. São Paulo: Perspectiva, 1987.

MATRIX. Direção: Lilly Wachowski, Lana Wachowski. Produção: Joel Silver. Roteiro: Lilly Wachowski, Lana Wachowski. [*S. l.*]: Warner Bros. Pictures, 1999. 1 DVD (136 min), son., color.

MATUS, Carlos. **Adeus, senhor presidente**: governantes e governados. São Paulo: Fundap, 1996a.

MATUS, Carlos. **Chimpanzé, Maquiavel e Gandhi**: estratégias políticas. São Paulo: Fundap, 1996b.

MELO, Elton Bernardo Bandeira de. **O planejamento público no Brasil e suas implicações para a democracia participativa**. Belo Horizonte: FJP, 2021.

MENDES, Gilmar. **Curso de Direito Constitucional**. São Paulo: Saraiva, 2008.

MINAS GERAIS. **Constituição do Estado de Minas Gerais de 1989**. Belo Horizonte: Assembleia Legislativa do Estado de Minas Gerais, 1989. Disponível em: https://www.almg.gov.br/consulte/legislacao/completa/completa-novo.html?tipo=CON&num=1&comp=&ano=1989&texto=consolidado. Acesso em: 21 ago. 2024.

MINAS GERAIS. **Emenda Constitucional nº 11, de 2007**. Acrescenta parágrafo ao art. 174 da constituição do estado. (Dispõe sobre a formação de uma equipe de transição, que visa a propiciar condições para que o candidato eleito para o cargo de prefeito municipal obtenha todas as informações necessárias à implementação do novo governo). Belo Horizonte: Assembleia Legislativa do Estado de Minas Gerais, 2007. Disponível em: https://www.almg.gov.br/consulte/legislacao/completa/completa-novo.html?tipo=EMC&num=11&ano=2007. Acesso em: 21 ago. 2024.

MINAS GERAIS. **Lei Estadual nº 19.434, de 11 de janeiro de 2011**. Institui normas sobre a transição governamental no âmbito do Estado de Minas Gerais. Belo Horizonte: Assembleia Legislativa do Estado de Minas Gerais, 2011. Disponível em: https://www.almg.gov.br/consulte/legislacao/completa/completa-novo.html?tipo=LEI&num=19434&comp=&ano=2011. Acesso em: 21 ago. 2024.

MINTZBERG, Henry. **Ascensão e queda do planejamento estratégico**. Porto Alegre: Bookman, 2004.

MINTZBERG, Henry. Management government, government management. **Harvard Business Review**, Cambridge, v. 74, n. 3, p. 75-83, 1996.

MINTZBERG, Henry.; AHLSTRAND, Bruce; LAMPEL, Joseph. **Safári de estratégia**: um roteiro pela selva do planejamento. Porto Alegre: Bookman, 2000.

MORAES, Alisson Diego Batista. FPM em forte queda. *In*: MORAES, Alisson Diego Batista. **Blog Alisson Diego**. [*S. l.: s. n.*], 11 dez. 2015. Disponível em: https://www.alissondiego.com.br/2015/12/fpm-em-forte-queda.html. Acesso em: 20 jun. 2024.

MORAES, Alisson Diego Batista. Índice de bem-estar urbano em Itaguara. *In*: MORAES, Alisson Diego Batista. **Blog Alisson Diego**. [*S. l.: s. n.*], 13 ago. 2013. Disponível em: https://www.alissondiego.com.br/2013/08/indice--de-bem-estar-urbano-itaguara.html. Acesso em: 20 jun. 2024.

MORAES, Alisson Diego Batista. Quase 90% das prefeituras de Minas não pagaram 13º. *In*: MORAES, Alisson Diego Batista. **Blog Alisson Diego**. [*S. l.: s. n.*], 21 nov. 2015. Disponível em: https://www.alissondiego.com. br/2015/11/quase-90-das-prefeituras-de-minas-nao-pagaram-13.html. Acesso em: 20 jun. 2024.

MOREIRA, Vânia Maria Losada. Os anos JK: industrialização e modelo oligárquico de desenvolvimento rural. *In*: FERREIRA, Jorge; DELGADO, Lucilia de Almeida Neves (org.). **O Brasil republicano**: o tempo da experiência democrática. Rio de Janeiro: Civilização Brasileira, 2003. 3 v. p. 158-194.

MOTTA, Paulo Roberto de Mendonça. Modernização administrativa: propostas alternativas para o Estado latino-americano. **Revista de Administração Pública**, Rio de Janeiro, v. 21, n. 4, p. 31-61, 1987.

OBER, Josiah. **The Athenian revolution**: essays on ancient Greek democracy and political theory. Princeton, EUA: Princeton University Press, 1996.

OLIVEIRA, Djalma de Pinho Rebouças de. **Planejamento estratégico**: conceitos, metodologia e práticas. 11. ed. São Paulo: Atlas, 1997.

OLIVEIRA, Djalma de Pinho Rebouças de. **Planejamento estratégico**: conceitos, metodologias e prática. 21. ed. São Paulo: Atlas, 2004.

OLIVEIRA, Djalma de Pinho Rebouças de. **Planejamento estratégico**: conceitos, metodologia e práticas. 22. ed. São Paulo: Atlas, 2004.

OLIVEIRA, Juscelino Kubitschek de. **Discursos**: proferidos no quinto ano de mandato presidencial: 1960. Rio de Janeiro: Imprensa Nacional, 1961.

OLIVEIRA, Rafael Carvalho Rezende. **O direito administrativo consequencialista**: eficiência e resultados na administração pública. São Paulo: Editora Fórum, 2018.

PAULANI, Leda. **Brazil delivery**: serviço financeiro a serviço da segurança econômica. São Paulo: Boitempo, 2006.

PLUTARCO. **Lives of the noble Grecians and Romans**. Translation by Bernadotte Perrin. Harvard University Press, 1914.

REPRESENTANTES de prefeituras reclamam de queda do FPM. **G1 Sul de Minas**, Santo Antônio do Amparo, 13 mar. 2015. Disponível em: https://g1.globo.com/mg/sul-de-minas/noticia/2015/03/representantes-de--prefeituras-reclamam-de-queda-do-fpm.html. Acesso em: 16 set. 2024.

RHODES, Peter John. **A history of the classical Greek world**: 478-323 BC. [*S. l.*]: Blackwell Publishing, 2010.

ROSA, João Guimarães. **Grande sertão**: veredas. Rio de Janeiro: Nova Fronteira, 2001.

SALGADO, Gisele Mascarelli. O consequencialismo judicial: uma discussão da teoria do direito nos tribunais brasileiros. **Revista Âmbito Jurídico**, São Paulo, ano 20, n. 161, jun. 2017. Disponível em: https://ambitojuridico.com.br/edicoes/revista-161/o-consequencialismo-judicial-uma-discussao-da--teoria-do-direito-nos-tribunais-brasileiros/. Acesso em: 20 jun. 2020.

SANTOS, Clézio Saldanha dos. **Introdução à gestão pública**. 2. ed. São Paulo: Saraiva, 2015.

SCAFF, Fernando Facury. Contas à vista: PEC 188 e a destruição do planejamento governamental. **Consultor Jurídico**, [*S. l.*], 3 mar. 2020. Disponível em: https://www.conjur.com.br/2020-mar-03/contas-vista-pec-188-destruicao-planejamento-governamental. Acesso em: 14 ago. 2024.

SÊNECA. **Cartas a Lucílio**. Carta LXXI. Tradução de Aldo Dinucci. Aracaju: Editora UFS, 2014. ca. 64-65 d.C.

SHARKANSKY, Ira. **Wither the State?** Politics and public enterprise in three countries. Chathan, New Jersey: Chatham House, 1979.

SOUZA, Antônio Ricardo de. As trajetórias do planejamento governamental no Brasil: meio século de experiências na administração pública. **Revista do Serviço Público**, Brasília, MG, ano 55, n. 4, out./dez. 2004a.

SOUZA, Celina. Estado e políticas públicas: continuidades e mudanças. **Revista Brasileira de Ciências Sociais**, São Paulo, v. 15, n. 42, p. 81-99, 2000.

SOUZA, Celina. Participatory budgeting in Brazilian cities: limits and possibilities in building democratic institutions. **Environment and urbanization**, California, v. 16, n. 1, 2004b.

SOUZA, Herbert de. **O desafio da modernidade**: desenvolvimento e democracia na América Latina. Rio de Janeiro: Paz e Terra, 1984a.

SOUZA, Nelson Mello e. O planejamento econômico no Brasil: considerações críticas. **Revista de Administração Pública**, Rio de Janeiro, v. 18, n. 4, p. 25-71, out./dez. 1984b.

SUPLICY, Marta. Planejamento para avançar. *In:* SUPLICY, Marta. **Minha vida de prefeita**: o que São Paulo me ensinou. Rio de Janeiro: Agir, 2008. p. 129-138.

THUCYDIDES. **History of the Peloponnesian war**. Translation by R. Crawley. [*S. l.*]: Digireads.com Publishing, 2009.

TILES, Seymour. How to evaluate corporate strategy. **Harvard Business Review**, Cambridge, jul./ago. 1963. Disponível em: https://hbr.org/1963/07/how-to-evaluate-corporate-strategy. Acesso em: 15 jul. 2024.

TUSWELL, Emma.; ATKINSON, David. **Supporting heads of government, a comparison across six countries**. London: Institute for Government, 2011.

TZU, Sun. **A arte da guerra**. Porto Alegre: L&PM, 2000.

VELOSO, José Ribas Seroa. O instituto jurídico do planejamento. **Publicações da Escola Superior da AGU**, [*S. l.*], n. 9, 2011. Disponível em: https://revistaagu.agu.gov.br/index.php/EAGU/article/view/1747. Acesso em: 16 set. 2024.

VENTURA, Aline. **Planejamento público**: entre sinédoques e resíduos. São Paulo: Edusp, 2020.

VIEIRA, James Batista. **Fundamentos da gestão pública**. Recife: Ed. Ufpe, 2023. E-book.

WEBER, Max. **Economia e sociedade**. Brasília: EdUnB, 1991.